本书为"基础教育改革与发展协同创新中心"成果

安徽基础教育发展评论

（第1卷）

ANHUI JICHU JIAOYU FAZHAN PINGLUN

DIYIJUAN

钱立青　主编

图书在版编目(CIP)数据

安徽基础教育发展评论.第1卷/钱立青主编.—合肥:安徽大学出版社,2016.7
(基础教育发展创新文库)
ISBN 978-7-5664-1149-5

Ⅰ.①安… Ⅱ.①钱… Ⅲ.①基础教育—发展—研究—安徽省 Ⅳ.①G639.21

中国版本图书馆 CIP 数据核字(2016)第 143935 号

出版发行:	北京师范大学出版集团
	安 徽 大 学 出 版 社
	(安徽省合肥市肥西路3号 邮编230039)
	www.bnupg.com.cn
	www.ahupress.com.cn
印　　刷:	合肥华星印务有限责任公司
经　　销:	全国新华书店
开　　本:	170mm×240mm
印　　张:	15.5
字　　数:	240 千字
版　　次:	2016 年 7 月第 1 版
印　　次:	2016 年 7 月第 1 次印刷
定　　价:	45.80 元

ISBN 978-7-5664-1149-5

策划编辑:钟蕾		装帧设计:曹文强	
责任编辑:李海妹		美术编辑:李　军	
责任印制:李　军			

版权所有　侵权必究

反盗版、侵权举报电话:0551—65106311
外埠邮购电话:0551—65107716
本书如有印装质量问题,请与印制管理部联系调换。
印制管理部电话:0551—65106311

《安徽基础教育发展评论(第1卷)》编委会

顾　　问　郭振有　金　燕
主　　任　李进华
副 主 任　吴昕春　曹卓良　郑德新
委　　员　（以姓氏笔画为序）
　　　　　王子迎　冯建军　李继秀　吴　刚
　　　　　吴秋芬　何旺生　张守祥　陈明生
　　　　　邵曙光　林　杰　钱立青　唐　洁
　　　　　桑青松　潮道祥　操申斌

主　　编　钱立青
副 主 编　李继秀

序

随着《国家中长期教育改革和发展规划纲要(2010—2020年)》的大力实施,从"减负十条"两次征求意见,到考试招生评价制度改革,我省加快了基础教育综合改革进程,一系列改革举措纷纷出台……可以说,教育从未像今天这样被全社会高度关注与期许。特别是,十八届三中全会吹响了全面深化教育改革的集结号,让我们再次听到了大潮将起的声音。改革正从人民群众最期盼的教育均衡发展、教育公平起步,从制约发展最突出的体制机制问题入手,并向纵深挺进。

协同创新谋发展,强化内涵提质量。今天的教育改革,突出强有力的顶层设计,确保教育改革的方向始终清晰明了;今天的教育改革,是一场高效的变革,正由局部探索朝综合改革深化,覆盖面不断扩大,赢得了人们的支持。近年来,我省大力推进基础教育综合改革,并依据"政府主导、省市统筹、以县为主、区域推进"的原则,深化体制改革,推进机制创新,催生出一批典型研究成果。这些成果为基础教育综合改革全面落实提供了宝贵的经验。这些来自改革一线的研究成果,都非常值得教育工作者去挖掘、分析和深度提炼,以便引领区域基础教育改革。

鉴于此,结合当前教育改革的实际情况,我们对基础教育综合改革中涌现的一大批研究成果进行精心整理,进而形成区域性基础教育研究集刊——《安徽基础教育发展评论》。本集刊通过推荐与遴选,汇集了25篇来自教育行政部门、高等院校和中小学的研究成果,按内容分为"教育政策研究""留守儿童研究""学校管理创新""教师发展研究""调研与监测"五个板块。这些成果,有的体现区域宏观管理,有的突出改革创新举措,有的体现创新行为的提升,有的重在工作反思与展望。每一篇文章背后,都凝聚着教育工作者的奋斗与探索。当然,对于教育综合改革来说,这仅仅是一个开端,取得的成果也是初步的,我们将跟进教育综合改革的步伐,分批推出各地改革中的经验、做法与案例。经验出在地方、出在基层、出在教育改革的路上,各地情况千差万别,实现教育事业发展的策略模式也各具特色。作为教育改革和发展任务的组织主体,教育行政部门始终将发现典型、甄别典型、培育典型、推广典型作为职责,始终问政于民、问计于民、问需于民。《安徽基础教育发展评论》的组织出版是对这一重要工作内容的真实记录和客观反映。

教育综合改革是一项系统工程,需要有科学的理论指导,需要有热心于教育事业、具有较高理论水平的教育研究者和丰富实践经验的一线教育工作者深入进行研究和探索。这本书的编纂出版,是对前一阶段工作的总结与肯定,希望以此引导和鼓励各地教育部门和广大教育工作者充分发挥教育改革的主动性、积极性、创造性,不断将区域基础教育改革推向深水区,为全省乃至全国的基础教育发展做出新的贡献。

2015 年 9 月 10 日

目 录

教育政策研究

担当教育公平使命　破解均衡发展难题　/ 3

机制创新:省域统筹城乡义务教育资源均衡发展的提升路径　/ 15

安徽农村基础教育质量监测体系研究　/ 25

安徽义务教育农村薄弱学校存在的问题及改造对策　/ 33

新型城镇化进程中区域教育的均衡发展初探　/ 40

留守儿童研究

走向融合的教学:合适性、旨趣与策略　/ 49

安徽省留守儿童情感能力的现状调查　/ 59

农民工子女教育歧视现象与消除对策
　　——基于社会支持主体向度的考量　/ 70

留守儿童社会支持与心理健康的关系:核心自我评价的中介作用　/ 80

农村留守初中生主观幸福感现状研究
　　——以安庆地区12所农村中学为例　/ 91

学校管理创新

文化视野下的中小学校管理变革　/ 99

关于校本研究机制的思考
　　——对校本研究的个案分析　/ 107

构建基于多样化发展的普通高中教育质量保障体系
　　——以合肥一中为例 / 117

集团化办学的实践与思考 / 124

以可持续发展为目标的普通高中能力建设要素及策略分析 / 135

教师发展研究

U-G-S人才培养模式的路径选择与实践
　　——以安徽省教师教育协同创新中心为例 / 147

教师领导力提升的学校努力
　　——基于教师岗位建设的实践分析 / 156

"三位一体"卓越小学教师协同培养模式的探索与实践 / 164

皖南山区农村教师从教动机研究 / 170

调研与监测

对乡村教师培训工作和乡村教师发展路径问题与对策的调查研究
　　——以A省F县与Q县"国培计划"专项调研为例 / 181

中西部地区农村中小学课程改革中的问题与对策 / 196

关于对淮南、蚌埠两地基础教育课程改革实施情况的调研报告 / 204

初中数学学案教学价值教师认同度调查研究
　　——以安徽省初中数学骨干教师的调查为例 / 216

新入职中学教师心理健康状况调查及相关因素分析 / 227

后记 / 241

JIAOYU ZHENGCE YANJIU

教育政策研究

担当教育公平使命　破解均衡发展难题*

金 燕

【摘　要】教育公平是社会公平的起点和核心环节,是社会稳定的重要基石,是构建和谐社会必不可少的组成部分。促进教育公平是时代赋予的历史使命,观念转变是破解义务教育均衡发展难题的前提,而改革创新是破解义务教育均衡发展难题的关键。

【关键词】教育公平;义务教育;均衡发展

教育公平是社会公平的起点和核心环节,是社会稳定的重要基石,是构建和谐社会必不可少的组成部分。关于教育公平的内涵,我赞成这样的观点:一是起点公平,即通过实施一视同仁、免费和强制性的义务教育,并按照"差别性对待原则",使处于不利社会地位的人获益;二是过程均等,即重视过程的公平,其追求是不论学生的能力、兴趣如何,均应为他们提供平等、有质量的教育机会;三是结果均等,即教育制度应能满足人的全面发展和个性潜

---

* 本文原为作者在合肥师范学院与台湾铭传大学联合举办的"首届海峡两岸基础教育论坛"上的讲话,发表时略有改动。

能发展需要,使每个人都能够得到他所希望得到的教育。教育公平对结果平等的追求,是一种基于人本主义的实质平等论。

一、促进教育公平是时代赋予的历史使命

(一)教育公平是世界各国制定教育政策的基本出发点

我刚从美国考察学习回来,深切地感受到教育公平在世界各国普遍得到高度重视。英、美等发达国家均明确了基础教育均衡发展是指导教育改革创新的一种全新的教育发展观。

其一,教育均衡发展应保证社会和人的整体协调发展。一方面,教育发展系统是由城市和乡村等教育行为共同构成的。这就是把城市和农村作为教育问题的两个方面来看待,即要同时考虑城市怎样、农村怎样。区域教育发展的整体观从现代化进程和历史发展的视角强化了农村和城市的适度联系与合作,以利于教育的区域均衡化发展。另一方面,英、美等国基础教育均衡发展还注重人的整体、全面发展,主要表现在探索终身学习之道。人们已经感到人的教育容易因为学校间教育质量的不同而产生教育不公平。而从终身学习的观点出发重新把握,整个教育的均衡发展应当加强。

其二,制定法规为基础教育均衡发展提供行政依据和保障。公共性和公共利益是基础教育最重要的功能和目标,也是一个社会和国家为了实现和保证社会的整体利益而赋予基础教育的一项非常重要的责任。事实上,许多发达国家的经验证明:通过立法程序把国家关于基础教育均衡发展的方针政策、制度措施等用法律形式固定下来,使整个社会有章可循并坚决保证实施,是实现基础教育均衡发展的有力措施之一。

其三,突显普遍公平的政府责任体系。英、美等国正以普遍服务的理念促进基础教育持续、健康发展,普遍服务的核心要义是向社会成员提供均等的机会和同质的服务,避免弱势群体和落后地区边缘化。可见,公平与效率作为公共财政框架的两个基本点,是政府在进行公共教育资源配置时必须权衡和选择的问题,而最大限度地追求教育利益分配的普遍公平是政府应承担的责任。

其四，特色优质的基础教育均衡发展模式成为焦点。例如，美、英等国家先后通过提倡自由择校、提高学校办学自主权、鼓励学校间的竞争等模式，在提高教育质量上取得了一定成效，而且城市和农村中小学教育薄弱的状况也得到改善。基础教育均衡发展不仅重视质量，还重视在均衡基础上的特色发展，鼓励学校形成不同的发展优势，在某一学科的师资、教材、教学模式上凸显校本色彩。

综合起来看，发达国家基础教育均衡发展呈现以下趋势：保持基础教育均衡发展政策的公平理念；提倡多元合作与发展的基础教育改革路径；加大对农村地区和薄弱学校的扶持力度；学校教育质量成为基础教育政策制定的突破口。

(二) 义务教育的均衡发展是我国现阶段社会发展的紧迫需要

均衡发展是政府执政为民、改善民生的首要问题。执政为民是人民政府的执政宗旨，改善民生是执政为民最重要的体现。而教育居改善民生之首。目前，我国教育工作取得了巨大的成就，但问题仍然不小。不同地区、不同学校的义务教育情况差别很大，这些差别不仅体现在硬件和投入上，更突出体现在内涵上。

均衡发展是人民群众对优质教育资源的迫切需求。人民群众提高教育质量，特别是促进教育公平的呼声强烈。作为纳税人，人民享受公平和优质的教育是其应有的权利。《国家中长期教育教育改革与发展规划纲要（2010－2020年）》的制定过程有一个非常明显的特征，就是两次向全社会公开征求意见。征求到的意见中，教育公平的呼声最为强烈，所以我们必须给予教育公平高度重视。

均衡发展是城镇化进程中城镇反哺农村的重要举措。从社会发展的阶段性特征来看，我国已经进入工业支持农业、城市反哺农村的阶段。教育的发展要与整个社会发展相适应。到了这样一个历史性的发展阶段，在教育上就应体现为通过缩小差距、提升教育公平。

综上所述，无论从国际教育发展趋势看，还是从国内社会发展的大势看，教育公平是发展的急需，是民心所向，是时代赋予我们教育管理者的历史使命。我们必须勇于担当、勇于实践,一步一步,让教育公平从理想变为现实,一点一点,让义务教育均衡惠及城乡,让所有的孩子真正"上好学"。

二、观念转变是破解义务教育均衡发展难题的前提

(一)坚持教育公平必须以教育信念为根本

国际21世纪教育委员会曾提出过"教育:必要的乌托邦"这一命题,"必要的乌托邦"意味着教育必须具有一种着眼于未来的精神。波兰教育哲学家苏科多斯基认为:"着眼于未来的教育表达了这样一种信念:目前的现实不是唯一的现实,因而不能构成教育的唯一要求。着眼未来的教育精神超越了目前的范围,以共创明天的现实为目标。"所谓"教育的乌托邦"就是教育的远大理想。从不公平到相对公平,从不均衡到相对均衡,是一个超越现实、追求理想的过程,是教育发展方式的一场变革,也是教育领域的一场深层次的革命。其间不仅要革除众多世俗观念的羁绊,还要面对功利主义、强权主义的束缚。能否实现这个理想,关键要看我们是否具备实现教育公平理想的信念,这种信念来自于对教育公平价值的深刻理解和认同。有了这种信念,才会有超越现实功利和超越自我的胆识和勇气,才会坚守法律和道德的底线,对现实中的病态和畸形保持警觉并坚持加以矫正,才会有在困难和挫折面前不放弃、不懈怠的精神力量,才会有在权势面前的那份纯粹、淡定和从容。

(二)坚持教育公平必须以科学发展观为指导

科学是对客观规律的正确概括和把握,尊重科学就是尊重客观规律。教育的客观规律是什么?我认为主要有3个方面:一是教育与经济协调发展的规律,表现为教育是否适应并且适度超前于经济社会的发展,是否对经济与社会发展起到服务和促进的功能;二是教育自身协调发展的规律,表现为教育的规模结构、数量质量、资源配置等的协调发展;三是教育的品质和教育的主体——人的全面发展的规律,即人的身心发展规律和教育的基本规律。然而,当我们反思我们的教育实践,教育的发展并没有做到与经济发展同步,更谈不上优先发展;教育统筹意识普遍淡薄,资源的公平配置在城乡、地区、学

校之间仍有人为拉大的趋势;城乡二元观念根深蒂固。我们作为改革的实践者,首先必须进一步解放思想,打破二元观念的惯性制约,在正本清源过程中推动城乡统筹发展。在推行素质教育的过程中,存在看重重点学校轻视职业学校和普通学校,重视知识教育轻视德育和实践技能教育,以及面向每一所学校、面向每一位学生的方针并没有得到很好的落实等问题。其中主要原因之一就是人们对尊重教育的客观规律的重要性和必要性缺乏深刻的认知,对教育的科学发展缺乏紧迫感和自觉性,使得一些地区教育发展的马太效应越来越严重:贫者愈贫,富者愈富;强者愈强,弱者愈弱。我省的基础教育已经摆脱了绝对贫困的短缺现象,关键的问题是如何发展。目前困扰教育发展的问题仍然很多,其中最主要的问题是教育投入不足,最大的问题是投入不均。很多地方甚至是经济十分贫困地区还在做锦上添花工程,不惜代价打造重点学校、亮点工程。在很多学校只能保持基本运转的时候,很多示范高中中的一所学校建设费用就达 1 个多亿。这种现象从根本上背离了教育的本质——促进每一位学生全面发展。

(三)坚持教育公平必须解决认识上的误区

关于对公平教育的认识,我们中的不少人总存在一些误区。一是将教育公平和平均主义等同起来,认为公平教育是削峰填谷,最终会影响教育质量,以致大家在工作中被束缚手脚。我们平时在很多场合都能听到"没有绝对的公平、只有相对公平"的议论,似乎促进教育公平就是搞平均主义。实质上,基础教育尤其是义务教育,是国家和政府行为,提供给每一个儿童都必须接受的基础性教育是一种最低纲领的"合格教育",而非精英教育。因而,政府利用纳税人的钱建立的公立学校,必须做到一视同仁。二是认为经济发展和教育公平是因果关系,只要经济发展了,教育公平就自然而然地实现了。从全国各地的教育公平实测的结果看,一方面经济发达水平与教育公平呈正相关分布,表明社会经济越发达,教育公平的整体状况就越好;另一方面,在一些特定的时段,经济发展与教育发展之间并非简单的同步关系。教育公平必然受制于政治经济、文化等各种因素,但经济水平对教育的影响与促进教育公平在多数情况下是两个不同质的问题:前者影响的是教育投入的总量,后者关注的是分配方式。这种经济与公平之间的复杂关系告诉我们在任何经济发展水平上,都应该而且可以追求教育公平。同时,如果我们不把教育公平作为与经济增长同等重要的目标,那么,经济的发展并不一定会自动地促进教育公平。三是将教育公平与学校的个性化发展对立起来,将我国的择校与美国和东亚一些国家的选择学校简单地等同起来。

三、改革创新是破解义务教育均衡发展难题的关键

义务教育均衡发展是落实教育公平的重中之重。通过多年的努力,我省义务教育均衡发展取得了突破性进展,但在实践探索中,遇到的困难仍然不小,任务相当艰巨,主要是体制机制惯性束缚,区域城乡发展不均衡,资源配备缺乏制度保障,生源师资和管理水平成为瓶颈性制约,提高教育教学质量任务艰巨等,所以我们必须进一步解放思想,改革创新,下大力气破解难题。

第一,科学定位基础教育均衡发展的目标。从教育公平实现的阶段看,可以大致将其分为三个阶段:(1)低水平公平阶段,这个阶段主要以实现教育机会公平为目标,让每一位应该接受教育的对象都能够享有受教育的权利和均等受教育的机会;(2)初级公平阶段,即追求教育条件均衡的阶段;(3)高级公平阶段,这是以追求教育质量均等为目标的阶段。就基础教育的组成部分看,当前义务教育处于由第一个阶段向第二个阶段转变的过程,普通高中教育仍处于发展的第一个阶段。义务教育当前和今后一个时期的发展目标应该是:在巩固普及程度的基础上,着力推进办学条件的均衡,到 2012 年使 85% 以上的义务教育阶段学校达到办学基本标准;积极构建义务教育质量监测体系和办法,保证义务教育质量提高;加强农村普通高中建设,促进县城和城市普通高中达到内涵发展,到 2012 年全省初中毕业生升学率不低于 85%,高中阶段毛入学率保持在 80% 以上;中等职业教育与普通高中招生规模大体相当。

第二,落实和完善基础教育投入政策,为保障基础教育公平提供持续动力。就基础教育来说,义务教育是纯公共产品,普通高中教育是半公共产品,政府对于提供这些产品负有完全或重要责任。各级政府要认真落实义务教

育经费保障的政策措施,将义务教育经费全面纳入财政预算,不断提高义务教育的保障水平。要加大对普通高中教育发展的财政支持力度,省财政应设立专项资金支持普通高中教育的发展,引导各级政府增加对普通高中教育的投入,改变目前普通高中教育发展乏力、办学条件改善滞后于事业发展的状况。

在国家的支持下,省财政应加强对困难县(市、区)教育经费的转移支付,对已实现"三个增长"、教育经费逐年增加后仍达不到全省平均教育投入水平的地方,在次年给予专项补助。各级政府在统筹教育资源时,要向农村义务教育倾斜、向城市薄弱学校倾斜、向困难群体倾斜,努力为每个学生提供平等、合理的教育。省政府相关部门要加强对全省义务教育均衡发展的统筹力度,设立专项资金,加大对皖北地区和部分山区县(市)实施义务教育的扶持力度。支持省辖市开展市、县(区)城乡教育一体化、学区教育资源共享、教育现代化试点等区域性的整体改革实验,发挥市一级政府在推进基础教育公平中的作用。

第三,完善学校布局规划,积极推动城乡义务教育阶段学校标准化建设。近年来,由于学龄人口变动、交通条件改善等原因,全省各地不同程度地出现了农村学校校舍闲置、学校废置现象,有些地方情况还特别严重。这与学校建设缺乏长远规划、布点缺少科学论证和过多地受限于乡村行政区划有极大关系。面对这一现状,政府急需对中小学发展做出新的规划:按照"适度超前、相对集中、以人为本、方便群众"的原则,统筹规划,合理调整中小学布局;结合区域经济社会发展规划,制定中小学布局调整规划和年度实施计划;以区域推进为重点,把改善农村学校办学条件、适度提高农村学校办学规模和改造城镇薄弱学校放在更加重要的位置,力争办好每一所学校,为适龄儿童提供良好、便利的学习条件。

全面实施《安徽省义务教育阶段学校办学基本标准》,开展城乡义务教育阶段学校办学标准化建设。现有学校的教学生活用房和专用教室建设、教学设备设施、现代教育技术装备、音体美器材和图书资料等项目要达到标准要求。新建学校要按照标准进行规划和建设。到2012年,全省各县(市、区)学校达到标准的比例应不低于85%,其中,经济和教育基础较好的县(市、区)学校达到标准的比例应不低于95%。各县(市、区)要制定义务教育阶段学校标准化建设实施规划,要在合理调整学校布局的基础上,对存续学校的校园、校舍、设备、设施、仪器、图书,以及当前在校生规模、教职工队伍等基本情况进行一次清查,对照省义务教育阶段学校办学基本标准,找出差距,明确工作任务,确定未达标学校的改造或建设项目,明确保证措施、实施步骤。按照农村学校和薄弱学校优先的原则,逐校提出达标时限和要求。各县(市、区)要尽快完善义务教育阶段学校标准化建设的台账,按照"一校一案"的要求具体落实实施计划。

把农村义务教育阶段学校标准化建设纳入民生工程,加大投入和保证力度,推动工程顺利实施。在义务教育阶段学校办学标准化建设中,要注重节约,严禁超标准建设。要建立严密的项目建设质量包保责任制及责任追究制度,强化监管,确保义务教育阶段学校标准化建设工程的质量。各市教育部门要加强对县(市、区)义务教育阶段学校标准化建设的指导,加大工程建设的力度。

通过标准化建设,促使县域内义务教育阶段学校布局科学合理,县(市、区)域内义务教育阶段学校办学条件基本均衡,校舍建设达到标准,校园环境规范整洁,设施设备充实完善,教育信息化建设进一步推进,中小学办学水平明显提升,义务教育可持续发展得到切实保障。

第四,积极探索建立教师退出机制和县域内教师流动机制,促进教师资源均衡配置。教师是最重要的教育资源,实现教师资源的均衡配置,对于促进教育公平有着至关重要的意义。教师队伍建设和管理中存在的编制标准较低、教师编制被挤占等问题,导致教师数量不足以及学科结构和年龄结构不合理等问题。这些问题要在省政府的领导下,通过制定和落实新的编制标准,有针对性地充实、调配来逐步解决。但是,要保证相关政策有效实施,探索新的机制、激发教师队伍活力、促进教师资源均衡配置是更深层次的问题。从当前教师队伍建设实际看,一是可以在县域范围内探索建立教师退出机制,允许那些已不适应教学要求、年龄超过55周岁的教师提前离开教师岗位。这一机制可以先在民办转正的教师中试行,为补充年轻教师、改变农村教师老化现状创造条件、拓展空间。二是探索县域范围内教师流动机制。由短期交流、柔性流动(如现行有些地方开展的城区学校教师支教1年,农村学校教师到相应的城区学校从教1年,"人走关系留"的交流方式),逐步向制度性的刚性流动过渡。如可以规定中小学教师在同一学校工作满6年以上的,必须向其他学校流动。这一流动也应包括校长在内,其交流的周期可以稍长一点。为此,我们还需要建立县域内统一的教师考核与评价制度、教师工资待遇制度,完善教师聘用制度,建立鼓励教师向薄弱地区、薄弱学校流动的激励机制。

第五,坚持分类指导的原则,支持皖北基础教育发展,逐步形成省域内基础教育公平发展的宏观格局。从我省基础教育发展的现状来看,南北差距问题是影响教育公平的全局性问题。皖北地区六市(阜阳、亳州、宿州、蚌埠、淮北和淮南)土地总面积3.9万平方公里,总人口2980万人,分别占全省的28.1%和44.6%。2007年,皖北六市GDP只占全省的30.8%,财政收入占21.4%,其中地方收入占18.5%。均大大低于人口所占比重。"十五"期间,皖北六市GDP年平均增长9.6%,财政收入年平均增长8.7%,分别比全省平均增幅低1个百分点和9个百分点;2007年GDP平均增长12.5%,财政收入平均增长20.7%,分别比全省平均增幅低1.4个百分点和6个百分点。2007年,皖北六市人均GDP只有7590元,相当于全省平均水平的70%,人均财政收入相当于全省平均水平的47.8%,城乡居民收入也大都低于全省平均水平。人口规模大、经济总量小、发展速度慢、人均收入水平低是皖北地区经济社会发展的基本特点。促进基础教育发展仅仅依靠其内部力量是不够的,必须从省级层面予以大力支持。建议结合贯彻落实省委、省政府加快皖北三市和沿淮六县(皖北三市是指亳州、宿州和阜阳,沿淮六县是指五河、固镇、怀远、凤阳、寿县、霍邱)发展的部署,结合国家和省扩大内需、增加教育投资项目的整体安排,在城乡中小学标准化建设、农村初中校舍改造工程(包括寄宿制学校建设、农村中小学卫生和体育设施建设)及农村教师周转房建设、特殊教育学校建设、农村留守儿童活动中心建设、中小学信息化建设方面给予皖北地区重点支持。在项目安排上,投向皖北地区六市的应占项目和资金总量的一半以上,其中投向三市六县的又应是重中之重。由此通过集中支持,加快皖北地区基础教育提升速度,尽快缩小我省南北基础教育水平差距。各市、县也应对区域内基础教育发展状况做出全面评估分析,找准影响基础教育公平的突出问题,采取有针对性的措施,缩小区域内基础教育差距,促进教育公平。

第六,加快特殊教育学校建设,积极解决流动人口子女教育问题,努力保障弱势群体学生教育权利公平。首先是要把残疾儿童少年教育作为促进和维护基础教育公平的长期工作。结合国家中西部地区特殊教育学校建设规划的实施,积极增加经费投入,扩大人员编制,扩大特殊教育学校规模,提升特殊教育学校办学层次。各市要重点建设好一所设施完善、符合特殊儿童教育需要,能开展语言、听力、智力残疾儿童教育的特殊教育中心学校。30万人口以上、残疾儿童少年较多的县(市),应办好一所特殊教育学校。建立残疾儿童随班就读支持体系,完善以特殊教育学校为骨干、以特教班和随班就读为主体的特殊教育发展格局。各级政府要设立特殊教育专项资金,支持特殊教育学校建设,改善特殊教育学校的办学条件,使特殊教育学校生均财政预算内教育经费、生均公用经费逐年增长,不断提高残疾儿童接受义务教育的水平。教育、民政、卫生、残联等有关部门和单位要积极整合资源,利用彩票公益金和残疾人就业保障金发展特殊教育,统筹残疾人教育、康复和职业培训,提高特殊教育学校综合效益。

重视解决农村流动人口子女教育问题。农村流动人口子女包括两个群体,一个是随迁进入城市的农民工子女,一个是留在农村的留守儿童,这两个群体接受教育的状况已经成为制约基础教育公平和义务教育均衡水平提高的关键性因素。要坚持以流入地政府管理为主、以全日制公办中小学为主,认真做好流动人口子女义务教育工作,依法保障流动人口子女接受义务教育的权利。各市、县(区)人民政府要加强对流动人口子女就学工作的领导,将流动人口子女就学纳入当地义务教育统筹安排,并督促、指导招生学校做好流动人口子女就学的接收和教育教学工作。流动人口子女接受义务教育,在入学条件等方面应与当地学生一视同仁。要加强对以接受流动人口子女为主的民办学校的扶持和管理,教育行政部门要在师资力量、教育教学等方面给予积极指导,帮助民办学校完善办学条件,逐步规范办学。各级政府要采取措施为流动人口子女在流入地接受高中阶段教育创造条件。

各级政府要协调家庭、社会和有关部门共同做好留守儿童教育管理工作,加强寄宿制学校建设,重点建设农村初中和中心小学,使其具备较好的寄宿条件。开展留守儿童关爱体系建设,结合寄宿制学校建设,在农村初中和乡镇中心小学建设留守儿童活动中心,配备必要的设施,为农村留守儿童搭建交流和学习平台,也为他们的父母提供交流的机会。切实解决农村留守儿童的生活、心理和安全问题,促进留守儿童健康成长。

第七,规范办学行为,逐步形成促进基础教育均衡发展的良好环境。严格按照《义务教育法》要求,规范义务教育管理。小学生、初中生就近入学,严禁任何形式的选拔性招生,严格执行《义务教育法》规定的不得以任何名义和形式分设重点班和非重点班,都应作为硬性要求予以落实。调整可能导致义务教育阶段学校拉大等级差距的政策,停止和取消针对义务教育学校的重点、实验、示范等类型学校的评选和认定。省级的相关评选已经停止,市、县教育行政部门开展的相关评选应予以制止。同时,研究制定义务教育阶段规范化学校、特色学校的评选认定标准和办法,鼓励学校在具有共同基础的前提下规范办学,形成特色。

把规范示范性普通高中的办学行为作为工作重点。省级示范性普通高中不得在同一校园或同一校名下举办义务教育阶段学校或招收义务教育阶段学生,推行示范性高中招生计划分配到初中学校,以此引导义务教育阶段生源合理分布,遏制义务教育阶段的择校行为。淡化示范高中,加强优秀示范高中的评选工作。

要十分关注目前广泛存在的县城中小学超规模、大班额问题。造成这一问题的原因,一是县城学校建设滞后于县城规模扩张,二是农村学校学生为寻求优质教育资源涌向县城学校。对此,一是要加强对县城中小学发展规划的研究,合理设置和新建中小学,采取积极措施支持县城中小学新建和改、扩建;二是要加强对乡镇以下农村中小学的管理和指导,提高其管理水平、办学水平和教学质量,以形成和维护县域内基础教育的良好秩序和环境。

第八,建立基础教育公平的评价体系和监管机制。建立发展性评价指标体系,从促进基础教育公平政策的完善程度,推进基础教育公平的努力、创新程度,基础教育公平在实际工作中的进展速度,人民群众对基础教育公平满意度的提高幅度等方面,开展对县域促进基础教育公平工作情况的评价,鼓励各地在各自原有的基础上朝着基础教育公平的理想目标迈进。建立教育质量监控体系,进行多种形式的质量评价和检查。建立和完善义务教育均衡发展的监测制度,定期对辖区内义务教育学校间的办学条件、教师水平和教学质量进行监测和分析,并以适当方式予以公布,接受社会监督。要将教育公平切实纳入工作考核体系,加强政府教育工作问责制度建设。要重视开展教学质量监测评价,就义务教育阶段来说,应建立全省质量评价制度,由评估、教研等单位定期对市、县中小学学科教学质量进行监测评价,以加强监督,及时指导。要进一步完善普通高中学业水平测试,发挥其对区域普通高中教学质量的评价功能。通过建立上述有效制度,防止出现重硬件改造、轻质量提高的管理倾向。建立促进基础教育公平的工作推动机制,对推进基础教育公平做出突出贡献的单位和个人给予表彰奖励。

鉴于推进教育公平的艰巨性和复杂性,实现教育公平将是一项长期的任务、一个持续的过程。对此,一方面我们要有信心和耐心,做长期不懈的努力。一个地区城乡之间的差距会受到经济发展水平的制约,更主要的还是制度使然,如何解决政策性的障碍是我们要研究的重点。另一方面,导致区域内学校发展不均衡的原因中,人为因素更多一些,如何实现区域内教育公平是我们工作的难点,也是我们工作的重心。教育公平的实现与我们正确的认识和主观努力有着密切的关系,我们应进一步解放思想、开拓创新,尽最大的努力推进教育公平。

[金燕,中共安徽省委教育工委委员,安徽省教育厅副厅长。]

机制创新:省域统筹城乡义务教育资源均衡发展的提升路径*

钱立青

【摘　要】推进义务教育均衡发展是实现教育公平的需要。破解城乡义务教育均衡发展的瓶颈,关键在于科学统筹配置教育资源。省域统筹教育资源的着力点在机制创新上,并以此体现顶层设计,打破现有利益格局,因地制宜形成新的教育治理方式,在发展中实现教育资源动态均衡,为深化教育领域综合改革夯实发展基础。

【关键词】教育均衡;省域统筹;教育创新;路径

义务教育均衡发展一般包括受教育的权利和入学机会平等,相对平等的受教育条件,教育结果的相对均等。而教育均衡的前提和基础是合理配置教育资源(如无特殊说明,本文所涉及的"教育资源"均指"义务教育资源")。诸多研究表明,区域内教育发展非均衡状态出现的原因主要在于制度:一方面,

---

* 安徽省哲学社会科学规划项目"公共政策视角下的安徽省基础教育资源均衡配置问题研究"(AHSK09－10D144)。

许多不公平问题本身是由政策、制度的缺失或不健全造成的;另一方面,存在的问题最终都需要通过政策的执行、制度的创新和变迁来主动调节。《中共中央关于全面深化改革若干重大问题的决定》明确提出"统筹城乡义务教育资源均衡配置""扩大省级政府教育统筹权",这迫切需要我们推进机制改革、深化教育领域综合改革,从而消除"制度壁垒"或"政策阻滞",理顺关系,打破公共资源分布不均、重复低效的格局,突出义务教育资源配置的省域统筹作用,促进区域内教育均衡发展。

一、义务教育均衡发展与省域统筹的主要内涵

(一)教育公平思想和教育资源配置平等思想

教育公平是社会公平的起点和核心环节,义务教育均衡发展是实现教育公平最直接、最现实、最优先的领域。作为世界范围内教育改革和发展的核心主题之一,义务教育均衡发展是现代教育发展的必然趋势,也是实现教育公平的必然要求。

义务教育均衡首先是教育资源的均衡。教育资源均衡是指根据经济社会和教育发展实际,通过在经费投入、师资队伍、办学资源等方面实现协调配置等,分阶段、分步骤有效地缩小区域之间、城乡之间、学校之间、群体之间的差距,从而提高一个地区整体教育发展水平与质量。义务教育是依照法律规定,国家为适龄儿童提供的基本国民素质教育,具有基础性、公平性和全民性。推进义务教育均衡发展已成为政府的职责。地方政府有责任在本区域内从政策、制度、资金配置上采取积极而有效的措施,为所辖区域受教育者提供"均等"的受教育条件,逐步做到区域内的教育发展相对均衡。

实现义务教育公平是需要分步推进的。从最初争取平等的受教育权和均等的受教育机会,实现教育起点的公平,到均衡配置教育资源,实现教育过程的公平,再到教育结果的质量提升,实现有质量的教育公平。[①] 由于历史与现实原因,各地的经济发展水平不同,其存在的差距也导致教育发展的水

---

① 冯建军:《义务教育均衡发展方式的转变》,载《中国教育学刊》,2012(3)。

平不相一致,渐而演变成教育非均衡化发展。究其成因,首先是教育资源的配置问题。因为教育理念、社会转型、区域经济、历史文化诸多因素不同,所以城乡、区域、学校之间资源配置不均衡。其中最为关键的是,资源配置上缺少政策依据和制度保障,从而产生供需矛盾未有效协调或配置方式不完善等问题。

(二)义务教育资源"均衡态"发展的属性

义务教育资源均衡配置是一个复杂的系统,由政府、学校和社会三个主体及子系统有机构成,政府、学校和社会在资源配置过程中体现各自角色和职能。基于系统控制原理,资源均衡配置系统在运行过程中,是被动地接受来自配置主体的资源规模、数量、方向及行为干预。从这一点来看,义务教育资源均衡状态是相对的、静止的,不均衡是绝对的、动态的。解决了阶段性的均衡,一个阶段后又会出现新的不均衡。同时,义务教育资源均衡内涵认知的时代性和经济社会发展的可能性,使得均衡发展始终具有动态性。

由于义务教育资源配置发展"均衡态"总是处于一种"被动"状态,根据教育均衡发展自身规律,以及义务教育的均衡性与经济社会发展的均衡性之间的关系特征,我们急需在政策与制度层面,通过政府主体干预维护和调节教育资源发展的"均衡态"。可见,良好的资源配置机制是保障教育资源得以均衡配置和充分使用的关键所在。只有建立科学的制度,才能保障教育均衡的可持续发展。

(三)省域统筹义务教育均衡发展的政策指向

省域教育是国家教育体系的一个缩影,具有结构体系的完整性、管理上的相对独立性、区域之间的非均衡性和纵向层级上运行的延展性等特点。[①]《义务教育法》第七条规定:"义务教育实行国务院领导,省、自治区、直辖市人民政府统筹规划实施,县级人民政府为主管理的体制。"强调省级统筹,就是

---

① 蒋作斌:《论省域教育协调发展》,载《教育研究》,2006(10)。

要加大省一级的责任,具体表现在四个方面:一是加强和落实省级政府统筹规划实施义务教育的责任;二是完善农村义务教育经费保障机制,在财政拨款、学校建设和师资配置等方面向农村实施政策倾斜,建立健全城乡教育一体化发展机制;三是制定义务教育学校办学条件标准、教师编制标准、公用经费的标准和定额,确保落实到位和逐步提高;四是支持和督导市、县级政府履行职责,促进当地义务教育普及、水平的提高以及均衡发展。由此可以看出,加强省级政府教育统筹是国家教育体制改革的重要内容,能更好地体现出保障省域内基础教育公共服务均衡、健康发展的重要责任。

在解决城乡义务教育均衡发展的问题上,需要进一步发挥省级统筹的作用。[①] 在一个省域内,义务教育具有明显的整体性、协变性和共生性,而省级教育行政部门可以行使较强的自主决策权、调控权和管理权,针对省域内存在的义务教育形态差异,以政策手段开展统筹协调,因地制宜地宏观调控省域内义务教育发展,有效地促进教育资源始终处于动态的均衡状态。

二、义务教育资源配置的现实问题与归因

(一)义务教育均衡发展现状的反思

21世纪以来,我国义务教育均衡发展的重点是以解决区域教育发展差异为主,随后渐而突破了区域均衡范围,拓展为包括群体间的均衡、校际间的均衡、义务教育内部层次间的均衡以及全局意义上的教育公平等的更宏观的均衡概念。如上海、重庆、山东、安徽、辽宁等诸多省份组织对省(市)域义务教育资源配置进行的深度研究,从教育理论、社会功能、制度发展等多维度进行分析,归纳资源配置存在的矛盾和问题及导致问题产生的政策性原因,同时基于教育公平提出了一些制度优化方案,或突破非均衡现实的创新路径。

评估省域内义务教育均衡发展,主要是考察事业性教育资源配置指标。区域范畴下的教育资源配置指标,包括生均经费、教师状况、教育设施状况3类。因为资源在教育机构运行中发挥着基础性作用,所以这些指标被广泛视

---

① 杨东平:《中国教育发展报告:2013》,北京:社会科学文献出版社,2013。

为衡量教育差异的核心指标。① 生均预算内教育经费和生均校舍建筑面积、教学仪器设备值等问题,在配置主体经费足额投入的情况下都能迎刃而解,但是教师队伍均衡问题解决难度较大。

近年来,在教育均衡发展的理论研究或实践探索方面形成了一定的共识:建章立制是促进义务教育均衡发展的制度保障,足量的、稳定的经费是促进教育均衡发展的物质基础,提高教师地位、改善其待遇是促进教育均衡发展的重要因素,扶持弱势群体、贫困地区是促进教育均衡发展的有力举措。但新的困惑随之而来:一是如何优化义务教育资源均等配置机制,涉及教育财政的设计、制定与实施;二是如何推进城乡义务教育一体化,主要是中小学标准化建设和城乡教师同工同酬等问题;三是教师流动制度的构建系列问题。分析其原因,主要是:缺乏完善的制度保障,均衡发展的目标和责任不够明确;教育政策的制定存在发达地区取向或城市取向;不完善的义务教育公共财政体制加剧了义务教育非均衡发展的裂度;现行人事制度阻碍教师资源的有序流动和均衡配置,等等。

(二)优化教育均衡发展的路径选择

义务教育均衡发展问题事关人民群众的切身利益,事关社会的安定及经济社会的协调发展。义务教育均衡发展,重心在"发展",核心在"均衡",责任在政府。教育公平的缺失在很大程度上是因为政府职能的缺位,②尤其与政府政策缺省、当前教育资源配置不均衡有很大关联。教育政策是解决教育现实问题的关键,绝大多数公共问题的解决必然依赖于相关公共政策的出台。因此,政府有责任推进义务教育均衡发展。

针对义务教育资源非均衡发展的现状,政府需要以公共政策服务为主线,从经济社会背景、教育财政体制、人事管理制度等方面深度分析存在非均衡发展问题的根本原因,改变"头痛医头、脚痛医脚"的表面治理和"碎片化"

---

① 孙阳、杨小微、徐冬青:《中国教育公平指标体系研究之探讨》,载《教育研究》,2013(10)。

② 褚宏启:《教育发展评论(第1卷)》,北京:教育科学出版社,2007。

修补,深入研究其背后的制度和机制改革。① 政府的责任是保障公平,选择机制,创新路径,以制度重构和宏观调控为框架,合理运用政策驱动引导机制和后续发展跟进管理机制,策略性地控制发展差异,形成科学发展的资源配置思路。

三、促进省域统筹义务教育资源走向均衡的机制创新

教育均衡是一项长期工程,"要在一定历史时期、一定区域范围内,统筹考虑多种影响因素,遵循教育发展的基本规律,分类指导、分类推进"。② 促进教育均衡发展的手段主要有两个,即市场规律性调节和政府统筹。由于义务教育是全民事业,其发展不可能形成真正意义上的市场,所以要更多地依赖政府宏观调控。

统筹城乡义务教育资源均衡配置,没有固定模式,需要体现顶层设计、明确政策。③ 推进省域义务教育均衡发展的关键是进行机制创新,科学构建义务教育资源配置制度体系。只有通过制度变革,协调区域间资源要素的内在关联,科学运作,探索和创新以省为单元的义务教育资源均衡配置的行动路径,才能直接破解当前教育资源非均衡状态的现实难题,形成动态有序、发展型的资源均衡模式,为全国在更大区域内实现教育均衡发展借鉴。

(一)坚持公平与效率兼顾的价值导向,界定教育均衡发展的目标和责任

义务教育从以效率优先为理念的"重点发展",转向以促进公平为取向的"均衡发展",是一种历史的跨越。④ 公平即公正,是带有伦理性、主观性的评

---

① 杨东平:《中国教育发展报告:2013》,北京:社会科学文献出版社,2013。
② 教育部基础教育一司、中国教育科学研究院、国家教育咨询委员会义务教育均衡发展工作组:《2010—2012义务教育均衡发展·省域统筹》,北京:教育科学出版社,2012。
③ 王定华:《统筹城乡义务教育资源均衡配置》,载《中国教育报》,2013年12月17日。
④ 杨小微:《基础教育改革再聚焦:均衡·权利·质量》,载《基础教育参考》,2013(10)。

价;效率是指将有限资源科学分配的效用最大化,是基于事实的客观判断。对于义务教育而言,公平意味着享有平等接受义务教育的机会、条件和效果,而效率则指在教育资源供给前提下获得最大限度的产出,即创造出尽可能多的教育机会和最佳的教育质量。义务教育是一项关乎社会和谐稳定的民生工程,不仅在经济社会发展中具有先导性和全局性的作用,而且在个人素质和能力的培养、提高中占据基础性地位。教育资源配置公平的缺失,可能导致教育理念被"异化",教育资源的浪费或紧缺,这势必影响教育的均衡、持续发展。

因此,在推进机制创新过程中,首先要坚持兼顾公平和效率的价值导向,确立动态"均衡"理念,加大对区域内农村、贫困山区、弱势群体义务教育经费的投入力度。实施农村学校标准化建设和信息化建设工程,完善贫困学生资助体系,保障弱势群体的平等受教育权,致力于缩小城乡间、区域间和校际间的教育资源分配差距。在解决现实困难和矛盾的同时,还要兼顾教育发展的长远规划和战略定位,加大在教师专业发展、义务教育课程改革、教学方法研究等方面的投入,引导学校注重内涵发展与特色发展的管理机制创新,促进有限的资源被高效利用,为深化教育改革增添活力。

(二)建立政府主导下的多元主体参与协同机制,推进教育资源补偿性配置

义务教育资源配置系统涵盖的政府、学校和社会三大主体,各自具有相应的资源配置权责。然而在实践中,主体间的互相合作和利益协商机制不健全,存在职能"越位"和"错位"现象,使得教育资源配置的科学性、民主性和透明性不足,影响高效均衡的实现。构建义务教育资源配置以政府为主体的协同机制的目的,是强化政府在教育资源配置中的主导地位和责任。政府只有居于主导地位,才能立足于全局性的战略高度,宏观把控义务教育均衡发展。

建立省级义务教育均衡调控制度,能保证在省域义务教育财政投入上的

均衡控制,使区域内义务教育达到梯度发展。省级教育行政部门要统筹调节与平衡义务教育的财政投入,实行省级财政转移支付按梯度进行统筹,并适当向贫困地区的薄弱学校倾斜。在科学预算和有效整合资源的基础上,要按照"缺什么补什么"原则,加强对农村贫困地区和薄弱学校支持力度,整体缩小城乡学校间资源配置的差距。同时综合发挥政策引导、制度约束的作用,因地制宜地推进教育资源配置的规范化。

(三)强化省域公共教育资源共享与调控制度,提升教育资源总量和配置效率

实行公共教育资源开放共享,目的是有效破除义务教育资源有序流动的壁垒,发挥资源互补优势。要树立教育资源开放性建设理念,并以资源开放促进资源更新,增加资源附加值。要综合考虑经济社会发展规划、人口变化预测、教育承载力等因素,统筹布局省域内城乡学校和教育资源。要学习和借鉴教育发达地区和城市的先进经验,深挖优质教育资源。要通过资源共享,促使发达地区的优质教育资源辐射贫困农村或偏远地区,避免教育资源浪费,提高资源利用效率。

推进公共教育资源开放共享机制。一是将省域互动交流模式逐步推广至全省范围,通过捆绑、结对、链接等方式,加强省域课程、教师和学生等资源的流动和共享;二是发挥教育信息化的功能优势,以向农村倾斜为原则,加快建设校园信息基础设施,扩大教学视频、网络课堂的覆盖面;三是基于教育国际化视野,以省会城市和经济发展居于前列的城市为引领,逐步推进省内教育资源与国内外发达城市之间的共享和互动。

(四)创新师资培养和交流机制,破解制约城乡教育非均衡发展的核心难题

诸多研究表明,教师资源配置是影响义务教育均衡发展的关键因素。师资队伍建设,应在"省域统筹,以县为主"框架下,构建"省考、县聘、区管、校用"制度模式,并通过"上下联动,城乡互动"来解决农村教师问题。省级政府

应在教师编制上加强统筹力度,实行弹性编制,不呆板地按师生比例核定教师编制,对农村小型学校给予一定的倾斜,减少所谓的"全科教师"。因地制宜地创新教师流动政策,将新聘任的高学历教师优先安排到农村学校或薄弱学校任教,改善城乡教师的初次配置状况。继续通过"特岗计划"等方式,完善农村教师补充机制。建立长效机制,激励义务教育阶段校长、教师在城乡间、学校间交流、轮岗。

通过教师教育培养方式的改革,促进中小学教师专业发展和能力提升。鼓励教师不断提高师德修养和业务能力,为他们提供更多的专业发展机会,保障乡村学校教师职称晋升比例不低于当地城区教师。还可通过地方实施、中央奖补等方法,提高连片特困地区的乡村学校和教学点教师的薪酬,或发放生活补助,设法改善他们的生活条件。

(五)构建教育资源配置的监测评估机制,完善均衡发展的质量保障体系

以教育公平和质量为核心,立足义务教育资源优质发展目标,构建科学、动态的推进教育均衡发展的质量保障体系,监测评估教育资源的配置效益。一是建立起监测与绩效评估制度,研制义务教育均衡发展的监测与评价标准,以科学客观的数据准确把握区域内义务教育均衡发展的现状、变化特征及存在问题;二是充分利用均衡发展状态监测数据,结合能让公众看得懂的、简明的、清晰的评价指标,使其成为科学评价区域内教育均衡发展水平、优质资源共享状况的依据;三是建立问责机制,把绩效指标归为政府考核内容,敦促政府努力实现辖域内义务教育均衡发展;四是建立开放和多维的测评指标体系,开展由政府、家庭、学校等共同参与的监测评估,提升监测评估的客观性、专业性和效度。

鉴于推进义务教育资源均衡发展过程的复杂性,可以在省域内鼓励一些地方开展行动研究,先行先试,探索适应区域教育情况、符合教育规律的资源均衡发展模式。还可以创设基础教育改革实验区,通过承担国家和省有关教育体制机制创新试点任务,获取行之有效的方法和成功经验,并及时进行总结,渐而提升为政策措施,充分发挥以点带面的示范作用,进而引领省域教育改革向纵深方向发展。

[钱立青,安徽省基础教育改革与发展协同创新中心执行主任,副研究员,硕士生导师。]

安徽农村基础教育质量监测体系研究

沈南山

【摘　要】安徽是一个农业大省、人口大省和资源大省,发展基础教育的重点在农村。基础教育质量监测的基本目标是以全面推进素质教育为核心,转化农村基础教育评价管理体制,根本任务是建构与完善农村中小学学业成就评价体系,以建立有效的农村基础教育质量监测体系。农村基础教育质量监测需要制度立法和政策规制,体现国家教育方针的政策性、监测工作的专业性、运行机制的独立性等基本要求。

【关键词】安徽农村;基础教育质量;监测制度;学业评价

一、安徽农村基础教育质量监测的基本目标

(一)农村基础教育质量监测的必要性

安徽是一个农业大省、人口大省和资源大省,基础教育相对薄弱,中小学布局分散,城乡"二元结构"矛盾依然存在。据统计,到 2014 年末,安徽省常住人口为 6082.9 万,城镇人口为 2989.7 万,占总人口的 49.15%;乡村人口

为3093.2万,占总人口的50.85%,城乡人口结构比例大约为1:1,15岁以下学龄儿童1100多万。① 农村经济社会条件、人口与资源环境严重制约着基础教育发展。因而,安徽基础教育发展的重点在农村。

安徽基础教育发展的难点也在农村。农村教育经济发展不均衡,城乡、区域之间发展差距较大,教师、教育信息化程度等优质教育资源短缺,难以实现教育公平。新课改已经实施十多年,素质教育在农村中小学仍然薄弱,基础教育培养目标定位和教育模式还没有真正从应试教育中解放出来。学校生存环境艰难,人们衡量一所学校教育质量的标准仍是"多少人考上重点,多少人考上大学"。农村教育的基本现实是学校的升学率关乎其生存与发展,留守儿童问题突出,学生失学、厌学现象普遍存在,生源质量有逐年下降的趋势。而且农村职业教育发展缓慢,也不被人们重视,多数学生认为考不上学校就没有成就感,适学儿童外出打工的比比皆是,新的"读书无用论"有所抬头。

基于此,安徽农村基础教育迫切需要基础教育质量监测的导引。基础教育质量监测对加快农村教育发展战略、全面推进素质教育、完善教育评价制度具有重要的现实意义。

第一,农村基础教育质量监测是加快农村教育发展、适应国家教育形势变化发展形势的需要。农村基础教育是我国基础教育发展的薄弱环节,建立基础教育质量监测体系是政府保障农村基础教育质量的关键。政府对基础教育的责任不仅在于数量、规模的保障,更在于质量的保障;不仅在于对农村义务教育投入的保障,更在于人才培养规格上的保障。

第二,农村基础教育质量监测体现了国家义务教育方针、适应农村基础教育课程改革、全面推进素质教育的需要。国家义务教育方针的宗旨是以学生发展为本,实施素质教育,体现教育公平。建立农村基础教育质量监测体系是促进学生学习、规范教学行为、引导正确社会舆论的迫切要求。随着我省基础教育课程改革的深入推进,需要对课程标准的落实与评估、学生的学

---

① 参见《安徽省2014年国民经济和社会发展统计公报》。

习状况和教学评价情况,进行国家"课程标准"目标测验,所以要建立权威、科学的学生学习质量监测体系。

第三,农村基础教育质量监测是改革和完善教育评价制度、建立规范的学生学业评价体系、适应农村基础教育科学决策的需要。不可否认,我国基础教育改革与教育评价改革未能协同发展,这种情况在农村更为突出。在当下的农村教育中,应试教育评价制度已成为推进素质教育和课程改革的阻碍。而且在农村教育的实施过程中,课程、教学与评价均存在一系列问题,究竟该如何解决? 决策判断通常只能在教育价值层面进行理性思辨和学理论争,缺乏有效的学生学业水平测查数据作为佐证。

(二)农村基础教育质量监测的目标与任务

基础教育监测属于教育评价管理范畴。从总体上说,农村基础教育质量监测是根据国家制定的有关方针、政策、法令和法规,对农村中小学教育的目标规划、工作实施流程和教育质量结果进行的"测度",体现了政府的教育意志与教育责任。

实施基础教育质量监测是教育事业发展的必然,已为世界众多国家所接受。基础教育质量监测体系建设是一项系统工程,涉及课程教材、教学内容、方法和评价等诸多层面。就安徽农村来说,基础教育质量监测的根本任务是改革与完善农村基础教育质量评价制度,转变农村教育评价管理体制,建立有效的、适合安徽农村基础教育实情的教育质量监测体系。

农村基础教育质量监测的基本目标就是要以全面推进素质教育为核心,构建农村基础教育质量监测体系,对农村基础教育质量进行全面监测和科学评价。一般来说,基础教育质量监测总体目标规划应包括以下几个方面:(1)提高学生的学习成绩;(2)提供优良的教育环境;(3)提高教育管理效率;(4)提高社会公众支持度和对学校的信任度;(5)营造一种积极的学习文化氛围;(6)为所有学生提供规范化的学习条件。根据现阶段安徽农村教育实情,基础教育质量监测的主要任务是对学生的学习质量和身心健康状况以及影响学生发展的相关因素进行监测,并通过数据分析,准确评估农村基础教育的质量,为各级教育行政部门决策提供参考和依据。

二、安徽农村基础教育质量监测学业评价体系建构

安徽省辖 106 个县(区),1506 个镇,927 个乡,[①]农村中小学校数以万计,做好基础教育质量监测工作是一个系统工程,需要创新工作机制,探索农村基础教育质量监测方法。基础教育质量监测不同于"统考",需要坚持素质教育导向、低利害关系评价、学生发展为本和科学规范实施等基本原则,中心工作为两项测试指标任务:(1)抽样监测农村中小学的教育教学对国家"课程标准"的达成程度。这是一项"目标参照测验",主要目的是了解学生的学业、身心、素质等整体发展状况。(2)通过分析相关数据信息,对学校做出教学诊断,找出学校教育教学存在的问题。主要目的是提出改进建议,加强教育问责,服务教育决策。监测工作操作主要采用学科测试与教育环境相关因素问卷调查相结合的形式。

农村基础教育质量监测工作的重点是中小学学业评价体系建设,它是基于国家课程标准,在专业化水准上建构的基础教育阶段学生学习质量评估系统。一个完备的学业评价体系是建立在大样本测试与调查分析基础上的教育质量评估体系。[②] 根据安徽教育实际,农村基础教育质量监测学业评价体系框架主要包含监测对象、监测标准、监测内容以及监测方式等,其中监测科目和年级要根据农村教育实际由省、市(县)教育测评专业机构或教育评估中心确定,如下表所示。

	学生		监测科目	
	学段	监测年级	必测科目	选择科目
监测对象	第一学段(1~3)		语文、数学	英语、科学、体育、艺术、德育、综合实践活动
	第二学段(4~6)		语文、数学	
	第三学段(7~9)		语文、数学	

---

① 参见《安徽统计年鉴(2014)》。
② 沈南山:《学业评价标准研究:内涵、范式与策略》,载《课程教材教法》,2011(11)。

续表

监测标准	(1)学业质量评价标准:安徽农村基础教育各学科学业评价标准。 (2)综合素质评价标准:安徽农村中小学教育质量"绿色评价体系"(教育部《中小学教育质量综合评价指标框架》)。		
检测内容	试卷测试	知识内容	课程标准中,以分段目标或分类目标等形式列出的基础教育阶段学生具体的学习结果或学习目标。
		认知能力	学生学习行为的表现性水平。
	问卷调查		学生学习、生活、管理等教育环境因素。
监测方式	整群抽样		(1)抽取或根据教育实情确定县(区); (2)按照PPS系统在各县(区)抽取学校,学校抽样参数要考虑农村地域分布; (3)根据学校学生人数比例分层抽取班级。
	试题编制		教材分析、评价标准建立、命题双向细目表制订、组卷、抽样实验。①
	监测		(1)根据学生差异、学生分类和每套试卷最低测试人数估计出抽样总量; (2)根据抽样确定的监测年级、科目,运用统一的试卷实施监测。
	评估报告		测评数据处理,形成学生、学校以及县(区)的教育质量分析的评估报告。

农村基础教育质量监测工作是一项高度专业化的工作,为了保证监测工作的常态化和科学化,需要建立基础教育测评专业机构,开展基础教育质量监测实践研究。如对中小学学业成就评价的监测,必须做好两个方面的工作:

第一,基础教育信息数据库建设。一是基础教育基本信息数据库,对县市信息、学校信息、学生信息进行编码,实现监测对象全员化;二是根据测试试题编制数据库,利用项目反应理论(IRT)测评技术对测试题目所考查的内容和能力及其难度和区分度、问卷进行信息编码,做到监测内容全息模块化。

第二,评估数据信息处理。监测结束后,根据监测数量指标关系分类建立相关数据库,形成市、县两级数据常模。例如学生、学校信息等监测指标统

---

① 沈南山等:《数学学业成就评价测查试题编制研究》,载《教育研究》,2009(9)。

计图表、样本特征统计图表、频数分布图表、均值离差描述统计图表,学生、学校以及县(区)的教育质量的相对位次等,为学生个体学习情况、各维度的差异性和学校教学归因分析与问责提供依据。

三、安徽农村基础教育质量监测运行机制

(一)基础教育质量监测运行机制的政策性

1. 农村基础教育质量监测立法

《国家中长期教育改革与发展规划纲要(2010—2020年)》明确提出,要把提高质量作为教育改革发展的核心任务。农村基础教育质量监测就是科学引领农村基础教育改革之路,落实国家农村教育发展战略的重要举措,是实施素质教育的基本价值导向。农村基础教育质量监测在发展中举步维艰,最根本的原因就是缺乏制度立法。为保障农村基础教育质量监测能够健康、有序运行,需要在国家教育法规范畴之内,制定基础教育质量监测方面的法律条款,并以实施细则的形式对农村基础教育质量监测进行更具体的规范。

2. 改革农村教育评价管理体制

理顺教育管理体制是解决困扰农村教育发展的根本问题。实施农村基础教育质量监测需要转变农村教育评价管理体制,实行由政府、社会、家长等共同参与的多元化管理,建立农村中小学公共管理机构的民主管理、决策和监督机制,增加农村学校的公信力,争取社会办学力量的广泛支持,促进教育管理职能的转变。

3. 实行农村基础教育问责制度

提高农村教育质量,最根本的是让农村教育从外放型的资源投入转向学校内涵式发展。提高学生的思想品德、知识技能、能力素质等方面的学业成绩是学校内涵式发展的一个重要指标。而学生学业成就评价是发展农村基础教育、提升农村教育质量的一项基础性工作。学业评价监测的过程,也是推动农村中小学学校提升质量的过程。基础教育质量监测的基本功能是改善学生的学习和满足教育问责。学业成就监测的结果及其分析是评价学生、教师和学校教育质量的重要依据。

(二)基础教育质量监测运行机制的专业性

农村基础教育质量监测是一项高度专业化的工作,它的学术性很强,需要高校学术力量的支持。例如农村学生数以百万计,监测要全面测查学生对课程标准的达成度,工作量比较大。为解决课程标准内容丰富性与测试时间有限性的矛盾,需要应用学业水平测试"矩阵设计""锚题等值"等技术方法,就是将所有测试题目平均分散于若干个题本,每个学生只需完成其中一个题本即可。"矩阵设计"等值题本既能在整体上了解学生对课程标准的达成度,使得同一学科在不同年度测试的成绩具有可比性,又解决了学生的测试负担问题。①

(三)基础教育质量监测运行机制的独立性

农村基础教育质量监测是国家基础教育质量监测的重要组成部分,既受国家和省两级教育质量监测的政策指导,又具有相对独立性。具体表现在检测考试采用外部统一考试形式,即教育与考试分离,考试由独立的专业中介机构完成。测评专业中介机构是一个为教育质量监测考试服务的支持体系,这种机构应超越某一具体的教育部门或系统,它代表政府行使权力,工作具有独立性,不受政府行政体系干预。各级基础教育质量监测部门的基本权限和工作职责是:国家教育部颁布监测制度原则和课程标准,相应的国家专业监测机构出台政策法规、编制国家评价标准、建立试题库、进行考试建模等;省(市、县)专业监测机构,确立省内样本、编制监测程序文件、组织统一考试,处理数据、撰写全省质量分析报告并向社会公布等;国家专业监测机构接受各省数据统计,集中处理数据,撰写全国性的质量分析报告,委托发布国家教育质量监测报告,并上报教育部进行教育决策和教育政策调整。②

基于上述方针政策,对于农村基础教育质量监测,其运行机制是国家制

---

① 靳晓燕:《教育质量监测:考试评价制度改革的突破口》,载《光明日报》,2015年4月16日。

② 沈南山:《基础教育质量监测:学业评价制度分析视角》,载《教育科学研究》,2010(7)。

定总体监测工作方案,定期发布国家基础教育质量检测结果。省级监测工作的主要任务是落实国家基础教育质量监测任务,研制省内学业评价与综合素质评价标准,组织协调省内相关单位做好测试工作,开展省内基础教育质量监测。地市级教育部门监测办或监测中心在落实国家级、省级基础教育质量监测任务的同时,以省级部门提供的数据分析报告为基础,以农村教研系统为业务工作平台,确定农村研究典型个案,发现问题,积累和传播先进经验,提出教学改进意见,促进区域内教育质量向着优质、均衡的方向发展。

[沈南山,合肥师范学院数学与统计学院教授,博士。]

安徽义务教育农村薄弱学校存在的问题及改造对策*

闫 龙

【摘　要】 当前,安徽省农村薄弱学校在办学理念、教学方法、师资力量及教学质量上,还存在各种各样的问题。提升办学理念、打造优质师资、增加经费投入等,是促进农村薄弱学校改造的有效手段。

【关键词】 义务教育;农村薄弱学校;对策

进入 21 世纪以来,随着农村义务教育的普及,安徽省一直致力于深入推进农村义务教育阶段学校标准化建设。各地纷纷加大教育投入,使学校办学条件得到改善,师资队伍得到加强,管理日趋规范,有效地促进了义务教育的均衡、可持续发展。调查表明,我省还存在一部分义务教育农村薄弱学校。这些学校在办学理念、教学方法、师资力量及教学质量上,还存在各种各样的问题。如不及时解决,势必影响农村义务教育的教学质量。

---

* 安徽省教育厅人文社科项目"新时期改造农村薄弱学校的对策研究"(SK2012B386)。

一、新时期义务教育农村薄弱学校办学现状

义务教育农村薄弱学校主要是指区域内条件较差、没有达到中小学建设标准的农村中小学校。这些学校的领导班子管理能力弱,师资力量薄弱,教育质量不高。本研究以安徽省肥西县 10 所农村初级中学为例,对义务教育农村薄弱学校的办学现状进行调查研究,并做深入分析。调查发现,安徽省部分农村义务教育学校在办学质量上与城市同类学校相比还存在一定差距,主要表现在办学理念与实际有偏差、教学方式僵化、师资力量薄弱及生源严重流失等方面。

(一)办学理念存在偏差

办学理念是指一所学校的办学指导思想,主要由学校的办学宗旨和定位、育人途径、校风校训、学校文化等要素组成。办学理念体现了学校的发展定位和发展思路,是指引学校办学行为和促进学生全面发展的精神动力。调查发现,目前我省部分义务教育农村学校还存在办学理念不切实际、发展方向模糊不清、文本描述千篇一律等问题。本研究所涉及的 10 所学校中,校训雷同或表述近似的就有 3 所。"为了每一位学生的发展"这一基础教育理念,成为多所学校校训的"最佳"选择。而能够体现学校独特办学理念和育人特色的校训,几乎没有。对于一所义务教育农村学校而言,办学理念要基于学校的历史基础和发展现状,要体现国家的教育方针政策和教育目的,要在全校师生员工认可的情况下确定。一些学校在确定办学理念时好高骛远,不顾实际,人云亦云,制定出的理念看似花哨华丽,实际上不能起到引领学校发展方向、指导学校教育教学的作用。而一些学校的办学理念在表述上笼统抽象、随意性强,以至于不能清晰描述学校办学方向,也就不能体现办学理念的价值追求。

(二)教育教学方式僵化

我国在 21 世纪开始全面推进基础教育课程改革、实施素质教育,在教学方式上,要求改变课程实施过于强调接受学习、死记硬背、机械训练的现状,

倡导学生合作学习、探究学习和自主学习等。各级教育行政部门积极开展新课程培训和课改推进工作,在提高教学质量等方面进行了积极探索,取得了一定成效。但我省部分农村薄弱学校在课程教学改革,特别是教学方式的创新方面,还存在很大不足。通过课堂观察、问卷调查及师生访谈,我们发现,在农村薄弱学校,教改课改虽然实施数年,但效果并不尽如人意。通过课堂观察我们发现,一些教师虽然在课堂上运用了导学案、推行了先学后教等新模式,但教师一言堂、满堂灌的现象依然存在。课堂教学中,部分教师还在穿新鞋走老路,比如课堂上的探究教学看似有声有色,实际上是探而不究,学生没有主动学习,他们的思维没有得到训练、能力没有得到培养。在一些教改课堂上,合作学习看似轰轰烈烈,热闹非凡,实际上学生没有在实质上获得发展,教学效果也就难以有效达成。

(三)师资力量薄弱

长期以来,受诸多因素影响,义务教育农村学校的师资发展一直处在不均衡、不饱和、不规范的状态,主要表现为学科结构不合理、部分学科师资匮乏,如调查的10所学校中有4所学校缺乏美术教师,3所学校缺乏音乐教师,3所学校地理、历史教师不足,部分学校还存在教师跨学科兼课现象。少数学科任课教师存在学历不达标现象,但就目前情况及发展趋势看,这已不是主要问题。师资年龄结构上的问题表现在教师队伍严重老龄化。近年来,由于编制问题,我们调查的10所学校几乎没有招新人,导致老中青教师青黄不接。如肥西县某乡镇学校的21名教师中,45岁以上的有8人,35岁至44岁的7人,30岁以下2人,40岁以上教师人数占全校教师总人数的56.4%。10所学校教师的平均年龄为42岁。没有年轻教师的新生力量补充,使得整个教师队伍思维僵化、缺乏活力、难以创新,使得教师队伍管理难度较大,整体师资力量薄弱,严重影响农村中小学教育质量。

(四)生源流失严重

调查发现,农村薄弱学校生源流失的主要原因有3个:一是城乡差异逐步增大,特别是城乡教育资源日益分化,且越演越烈。城市学校办学条件和教育质量存在明显优势,所以大量学生转入城市学校学习;二是农村人口出生率自然萎缩,生源减少;三是部分农民工进城打工,子女往往随迁到父母打工的城市读书,导致农村本地学校生源急剧减少。统计表明,被调查的10所学校中,近3年随迁外出就读的学生占学生总数13.2%。从总体上看,10所农村学校都不同程度地存在生源流失的情况,而且有逐年增加的趋势。

二、义务教育农村薄弱学校存在问题分析

从被调查的10所农村学校来看,造成薄弱学校发展问题的主要因素有学校管理低效、优质师资流失、办学经费紧张、发展建设缓慢等。下面作简要分析。

(一)学校管理低效

问卷调查结果表明,在被调查的10所学校中,有3所学校教师反映学校多年没有召开过教职员工大会,学校民主管理、日常教学管理也是敷衍了事,多数学校仍把升学率当作学校办学的唯一追求;有2所学校3年换过2任校长,管理缺乏连续性和规范性,直接影响了学校的管理效率;有3所学校的工作考勤形同虚设,教师管理达不到精细化、人本化的基本要求;有5所学校存在一定程度的管理问题,如干群人际关系不良、学校管理缺乏凝聚力、校长工作执行力不够等,势必影响教师工作的积极性。学校管理不善、领导班子不团结,容易导致教职员工工作积极性、主动性得不到有效激发,教育教学质量难以提升。

(二)优质师资流失

受地域限制,农村中学教师的生活条件和城市教师差异较大。与城市教师相比,农村教师工资福利待遇差,子女就学就业困难,教师专业发展受到限制,所以大量农村教师会想方设法离开农村,尤其是优秀教师。即便是本校、本区培养的优秀教师,一旦有机会离开农村,也会尽力抓住机会。例如,在访谈研究中,一位已经调离农村的骨干教师给出了两条离开农村的原因:一是农村学校管理观念陈旧,跟风严重,与学校实际不符,课改教改很难落实,限

制了个人教学改革创造性的发挥；二是现在工作的新单位,福利待遇比原来单位强很多。薄弱学校无法做到"待遇留人、事业留人",优质师资流失也就在所难免。

(三)办学经费紧张

调查结果表明,近几年来,这10所学校普遍存在规模不断缩小、生源数量逐年减少、义务教育的人头经费也相应减少的情况,而维持学校正常运转的费用并没有因为学生的减少而减少。这样一来,农村学校的教育经费就相对不足,而经费不足又是制约义务教育农村薄弱学校发展的一个关键因素。加之各级教育行政部门在经费管理上重投入、轻管理,重分配、轻监督,义务教育经费使用及管理不善,也势必影响学校的办学效率。办学经费不足使薄弱学校的硬件、软件建设无法跟上教学需要,教职工教学能力提升、学历提升困难等,都严重制约了学校的发展。

(四)发展建设缓慢

农村薄弱学校普遍存在交通不便、生源减少、规模萎缩、师资薄弱、经费紧张等不利因素,严重制约着学校的建设和发展,也使得农村薄弱学校的问题越积越多,学校管理逐渐走向落后、僵化,人浮于事,得过且过,最终陷入无法摆脱的困境。长此以往,在办学机制运行过程中,校长负责制、教师聘任制、经费包干制等改革举措难以有效落实,学校难以把握发展机遇,在内涵建设上便会力不从心,最终导致发展建设极其缓慢。

三、义务教育农村薄弱学校改造对策

(一)改变办学理念

办学理念是指在教育实践及教育思维活动中形成的对教育教学活动的理性认识和价值取向。先进的办学理念能够有效树立学校发展目标,明确学校办学定位,鼓舞师生奋发进取,起到一定的精神导向作用。从宏观发展角度看,先进的办学理念有利于促进基础教育公平、促进义务教育均衡发展、缩小城乡教育差距,也使农村孩子的学习环境得到改善。调查发现,自2012年

《安徽省县域义务教育均衡发展督导评估实施办法》颁布以来,各级教育行政管理部门注重发挥教育督导评估的导向引领作用。一些农村学校能够着眼于学校发展定位,科学制定发展目标,提炼办学理念,适应了当前社会发展的需要,体现了时代的精神,对学校发展起到促进作用。

(二)打造优质师资

办好教育离不开教师,薄弱学校更需要德才兼备的优质教师。地方教育行政部门要在政策导向上对农村教师队伍建设给予扶持和激励,在职称评聘、评先树优等方面给予政策支持。针对目前薄弱学校师资匮乏的现状,农村学校要建立健全师资队伍提升机制,想方设法改善办学条件,提高教师待遇,吸引优质师资,让立志投身教育事业的教师愿意来、发展好。同时要加强对在职教师的培训力度,提升教师学历水平,积极鼓励教师参与教育科研活动,开展课堂教学改革,培养本土名师。通过招聘农村"特岗教师"和推进高校师范生"三支一扶",不断壮大农村学校教师队伍。大力推行"名师迁移"计划,引领"名师工作室"到农村学校,服务基层,提升薄弱学校发展的软实力。

(三)增加经费投入

2012年,安徽省财政厅、教育厅出台了《关于进一步加强义务教育经费管理的通知》,逐步将义务教育全面纳入公共财政保障范围,使得全省义务教育经费保障机制逐步完善。从2012年开始,安徽省、市级政府教育督导团(室)依据数据库实时监测各县义务教育学校发展变化情况及校际差异变化情况,据此指导省内各县有针对性地制定措施,推动义务教育经费的合理投入和使用。通过增加办学经费,我省农村中小学远程教育工程实现了全覆盖,基础教育教育信息资源平台逐步建立,优质教育资源逐步被传送到农村中小学,提高了课堂教学质量。

(四)走内涵式发展道路

坚持走内涵式发展道路是农村薄弱学校突破困境、寻求发展的必由之路。办学理念涵盖了学校对教育目标的理性追求,指导并影响着全校师生的学生观、教育观和人才质量观。学校文化全面反映着学校整体精神风貌和办学特色,而农村薄弱学校建设还需要制度依托、内涵支撑和核心价值观,还需要对校本特色建设核心内涵作进一步挖掘、梳理和提升。从当前农村薄弱学校存在的主要问题看,办学理念更新是首要任务。只有更新学校办学理念,树立"一切为了学生的发展"的育人理念,才能改变农村学校发展长期停滞、举步维艰的现状。从学校层面来看,薄弱学校可以通过学校文化引领、课堂教学改革、优质师资培育、管理体制创新等强校策略,逐步推进学校发展。从政策层面来看,各级教育行政部门要坚持义务教育均衡发展的思路,加大对薄弱学校的扶持力度,配齐配强教师,实现同一县域内学校采用同一编制标准。从学校管理、师资配备上来看,要加强校长、教师培训工作,落实培训经费,扩大培训规模,提高培训质量。同时要强化师德养成引领,围绕学校创建特色,落实教师专业发展目标,实施"教书与育人相结合""教学与教研相结合"的师资队伍建设策略。

[闫龙,合肥师范学院教师教育学院副教授,博士。]

新型城镇化进程中区域教育的均衡发展初探

伍 军

【摘 要】新型城镇化是以城乡统筹、城乡互动、节约集约、生态宜居、和谐发展为基本特征的,它注重城乡一体化发展。在推进新型城镇化的进程中,优化城乡教育资源配置,提高教育质量,实现城乡教育的均衡、协调和共同发展,是当前基础教育发展的新取向。

【关键词】新型城镇化;教育资源;均衡发展

均衡教育发展是我国义务教育法的方向性要求,是实现教育公平的内核,具有重大的现实意义和深远的历史意义。义务教育均衡发展承载着人民群众对教育公平和优质教育的热切期盼,是我国九年制义务教育全面普及之后又一重大战略性任务。均衡教育不仅包括教育入学机会的平等,也包括受教育过程的平等、享受优质教育资源的机会均等,还包括享受教育发展的成果平等。

一、均衡教育提出的背景

均衡教育之所以作为一个重要方向被提出来,是因为我国各地义务教育存在着巨大的差别。

一是以城市为中心的价值观,导致长期以来城市学校获得资金优先投入,城市重点学校独享优质教育资源,造成城乡以及经济发展差距大的城市之间的教育发展严重失衡。虽然政府已经加大了对农村教育投入力度,政策也在向农村倾斜,但是由于地区经济发展不平衡,其财力差异直接导致区域教育资源分配差异。贫困、偏远地区的许多学校,办学条件还相当不好。

二是同一地区校与校之间的差距极大,导致择校热愈演愈烈。导致择校热的原因,既因为优质教育资源相对不足,也因为家长对子女的教育期望值不断提高,对多样化、高质量的教育需求日益迫切。随着流动人口数量不断增加,中心城区中小学大班额问题依然存在,而进城务工人员子女由于户籍制度等原因,无法享有与流入地儿童同等质量水平的教育,造成教育起点上的不公平。

近年来,我国各地认真贯彻落实中央决策部署和教育部工作安排,结合本地实际,统筹规划,分步实施,在政策制度、经费投入等方面提供保障,着力推进义务教育均衡发展,取得了明显成效。教育部开展县域义务教育均衡发展督导评估认定,深化职能转变、推进依法治教,标志着中国义务教育事业进入一个新的时期。

十八大提出走具有中国特色的新型城镇化道路。新型城镇化以城乡统筹、产城互动、节约集约、生态宜居、和谐发展为基本特征,是大中小城市、小城镇、新型农村社区协调发展、互促共进的城镇化。新型城镇化的核心在于不以牺牲农业和粮食、生态和环境为代价,着眼农民,涵盖农村,实现城乡基础设施一体化和公共服务均等化,促进经济社会发展,实现共同富裕。由此,义务教育均衡发展作为城镇化背景下的首要教育问题被提上日程,如何推进义务教育均衡发展一度成为人们热议话题。新型城镇化道路对教育发展提出挑战的同时也为义务教育的均衡发展指明了方向。

二、黄山市新城实验学校概况

黄山市新城实验学校是一所定位于市级示范标准的九年一贯制学校,地处黄山经济开发区,原为黄山市高铁站动迁配套工程,创建于2012年9月。学校名称4年4变:由"黄山市实验小学高铁分校"改为"黄山市实验小学高铁校区",又改为"黄山市新城实验学校",最后改为"黄山市新城实验学校总部及分部(黄山市新城实验学校徽光分部)"。学校地处黄山优势产业聚集区和宜居宜业的新城区,既能解决周边学生就学问题,又能增强区域吸引力,还能优化中心城区教育布局。

2015年秋季,学校不仅接收了调整后新潭镇8个村居生源,还接收了经开区不断增加的企业外来务工人员子女及楼盘业主子女,学校规模扩大到小学部和初中部共18个班近900名学生。学校积极打造开放、服务、优质的教育,为外来务工人员子女提供了平等优质的教育机会,对外来务工人员子女实施统一管理、统一编班、统一教学。

黄山市从保障机制、激励机制、动力机制及监督机制4个方面入手,汇聚政府、学校、学生与社会4个方面的力量,共同推进黄山经开区新型城镇化背景下义务教育均衡发展的态势。黄山市政府实施民生工程,免费发放学生教科书、提供义务教育公用经费等财政保障。优秀的教育和细致的服务让外来务工人员子女上学没有了后顾之忧,吸引和留住了一批又一批人才,为黄山经济开发区的经济发展提供了坚实保障。

学校的建立和发展,很好地解决了拆迁群众最为关心的各种民生问题,很好地解决了企业员工的后顾之忧,实现城镇化快速健康发展和教育均衡化发展的双赢。

三、多机制、多合力共同推进义务教育均衡发展

推进义务教育均衡发展是一个动态的过程,也是一项复杂的、长期的系统工程,需要政府通过机制创新引导。建立以常住人口为主的城市公共服务提供机制是推动义务教育均衡发展的重要战略。

(一)合理的资源配置促进学校均衡发展

义务教育均衡发展最基本的要求就是在正常的教育群体之间平等地分配公共教育资源,达到教育需求与教育供给的相对均衡,并最终落实到人们对教育资源的支配和使用上。政府在资源配置过程中要始终秉持教育内资源配置的本质理念——最大限度地实现公平,要在实现稀缺资源、有限资源最充分、最有效利用的同时,保证资源在不同区域、不同部门甚至不同群体间的公平分配。我校在2012年建校伊始作为市实验小学的高铁分校,由市实验小学实行四统一,即"同一校长,共用教师,同套体制,统一管理",并连续3年公开向社会招聘教师29人。新招聘的部分年轻教师被派往市实验小学上挂锻炼学习,积累教学经验;市实验小学也选派了部分有经验的教师前往分校支教,实施"传、帮、带"。2014年秋季,市实验小学高铁校区正式招收初中学生,经市编委会研究同意,正式成立"黄山市新城实验学校",与市实验小学完全分离。目前,教师中大学本科毕业生40人,硕士研究生2人,中学高级教师3人,组成了一支学历高、品行优、教学强、富有活力的师资队伍。

在实践中我们体会到,学校办学质量的差异,关键是管理方法、文化理念的差异。而利用名校在这方面的资源优势办分校,是迅速提高基础薄弱校办学水平的捷径。一方面输出教学管理骨干,在各片区校建立一致的先进管理模式,同时建立横跨片区校区的横向监督检查体系,确保在最短的时间内,让传统名校的先进"基因"在各片区校开花结果。

黄山市新城实验学校的健康快速发展,是黄山市在深化中小学教师管理体制改革、推行同区域内校长和教师"无校籍管理"、促进区域内义务教育均衡发展方面的初步尝试。

(二)合法的财政支持助力学校标准化建设

财政投入是城镇化进程中义务教育均衡发展需要解决的最根本问题。学校标准化建设是城镇化进程中义务教育均衡发展的突破口与落脚点,而政府在学校的标准化建设中起着巨大的引导作用,为不同学校的标准化建设与均衡发展指明了方向。黄山市加大了对经开区义务教育的财政转移支付力度,以保证义务教育发展的相对均衡。一方面推进学校的硬件达标,完善基础设施建设,另一方面促进学校师资力量的提升,实现学校在软件层面的基本达标。

2012年9月建校时,学校仅有1幢教学楼且无操场。经过短短3年,学校现已建有小学部和初中部教学楼各1幢,建筑面积4677平方米,每个教室都配有互动式网络电子白板设备,还配备了能容纳1000人的大型食堂。建筑面积4081平方米的综合楼和5023平方米的科技实验楼也即将竣工。届时学生便能在室内体育馆和科学、生物、物理、化学等现代化实验室中建立自己的"梦工厂"。学校修建了400米标准塑胶跑道运动场,占地面积18000平方米。学生们在绿草如茵的足球场上尽情奔跑。校内绿树青青,花香怡人,规范整洁,花园式校园成为莘莘学子学会求知、团结协作、勇于创新的理想环境。

(三)高效的教育信息化引入加速智慧校园构建

"信息技术对教育发展具有革命性影响。"《国家中长期教育改革和发展规划纲要(2010—2020年)》中的这句话彰显了信息技术对教育公平、教育效果等方面的重要影响,教育信息化必然成为城镇化进程中义务教育均衡发展的重要命题。政府作为教育信息化的首要倡导者,为黄山市新城实验学校提供了以下3个方面的保障:其一,提供信息化的现代教育教学资源,从经费、设施、技术3个方面保证不同学校的教育信息化进程,黄山市新城实验学校每个教室都配备了"班班通"交互电子白板,已经实现网络互连;其二,搭建信息化的教育资源共享平台,构建资源共享方面的桥梁,促进学校之间、家校之间的沟通与交流,正在建设的录播教室、在线课堂、视频考勤系统将把学校打造成"智慧校园";其三,我校一直坚持建设信息化的教师队伍,开展各级各类的信息技术应用培训或专题活动,利用好安徽省基础教育资源平台,不断提高教师的信息化素养与能力。

(四)"自内而外"的学校激励实现理想的教育均衡

百年大计,教育为本;教育大计,教师为本。在新的历史时期,义务教育均衡发展的关键是学校均衡,学校均衡的关键是教师均衡。学校均衡不仅需要政府、社会方面的支持,还需要学校的自我纠偏与自我发展。因此,在义务教育均衡发展中,学校本身作为一个系统,要逐渐形成能促进各子系统正常运作、超常发挥的激励方式。

1. 理念激励

理念系统是一所学校办学的指导思想,包括学校精神、愿景、校训、校风等,它如同一只"无形的手",是学校办学行为的航标灯,具有导向功能、激励功能、凝聚功能等。黄山市新城实验学校以"育阳光自信少年,创文明和谐校园"为办学理念,始终坚定地以创办市级示范标准的九年一贯制学校为办学目标。学校的理念激励一方面能够促进学校成员拥有归属感与自豪感,增强学校的凝聚力,另一方面可以促进学校的特色发展,形成品牌效应和有特色的学校文化。

2. 课程激励

学校的课程是教师与学生进行沟通的重要渠道。课程的质量影响着教师对课程的二次开发及学生对课程的深层次理解。因此,黄山市新城实验学校结合实际情况,选择、开发适合学生的本土化课程:其一,优化课程结构。精简传统课程,更多地选择符合本土学生的应用性内容。其二,凸显本土特色。课程内容与当地文化、民俗、景观等融为一体,增强课程的本土性与特色性。其三,彰显"未来"取向。课程目标与学生的未来发展紧密结合,重在把握学生未来的成长方向。其四,开发校本内容。提高学校领导、教师、学生参与课程的积极性,激发教师与学生参与课程选择的热情,发挥课程应有的教育价值。学校校园文化氛围浓厚,且特别注重对学生个性和特长的培养。"七彩和谐号"红领巾广播电视台和科普、沙画、陶艺、种植、足球、音乐等少年宫活动,让学生的思想道德意识、心理品质、文艺及科技素养得到进一步提升。校园体育艺术节、阳光体育活动、"六一"游园会、黄山市"纪念抗战胜利70周年歌曲说唱会"等大大小小的活动,为学生搭建了展现自我的舞台;一系列的校外实践活动也为学生创设了广阔的发展空间。

3. 教师激励

教师的质量是保证学生学习质量的前提,学校之间师资力量的失衡是学校发展不均衡的重要原因。首先,学校要完善工资福利制度、缩小教师之间的收入差距,通过实行绩效制激励教师提高教学质量;其次,学校应建构教师专业发展的培训体系,促进教师之间合作学习与教师个人终身学习理念的践行;再次,学校要完善教师队伍建设,培养一批骨干教师发挥积极带头作用,带动全体教师共同发展。黄山市新城实验学校的教师们在全国、省、市各类竞赛中,获得各种奖项,并以研促教、团结协作,完成了市级、省级乃至国家级的课题研究,其中每年参加"国培"项目培训的教师数也居全市前列。

新型城镇化必须是人的城镇化,必须以人为核心。百年大计,教育为本。拥有良好的教育条件,是开发区打造"宜居宜业、和谐之区"的关键。在大力发展经济、加快城镇化进程的同时,我们必须始终把教育事业放在优先发展的位置,以促进教育公平为重点,积极实施优教普教工程,精心绘制教育新蓝图。均衡发展是一个动态、不断发展的过程,学校要改善办学条件和提高教学质量,办出自己的水平和特色,使更多的学生接受公平的优质教育。均衡发展是一种高水平的错位进步,教育教学的质量,总有人率先突破,然后众人跟上,最后才能达到最终的公平。追求教育的均衡,是教育事业发展的动力。我们要把义务教育均衡放在新型城镇化建设的大背景下,在动态中推进城乡义务教育均衡,使义务教育发展取得实实在在的效果,使人民获得实实在在的实惠。

[伍军,黄山市新城实验学校校长,中学高级教师,黄山市学科带头人。]

LIUSHOU ERTONG YANJIU

留守儿童研究

走向融合的教学:合适性、旨趣与策略*

周兴国

【摘要】让教学适合学生是现代教育的普遍要求。教学适合学生意味着在教学过程中选用恰当的、与每个人学生的发展需求相符合的内容、方法、途径以及组织形式等。然而现代教育的组织形式,使得教学适合学生面临着教的单一性对学的多样性的横向性困境,以及静态的教学如何适应不断发展变化着的个体的纵向性困境。为破解教学适合学生的实践困境,需要采用并综合应用类型化策略、组织化策略和主体化策略。

【关键词】教学适合学生;类型化策略;组织化策略;主体化策略

农民工子女作为城市学校中的特殊受教育群体,其流动性及由此带来的一系列问题,在一定程度上给教师的教学带来挑战。一些教师经常抱怨农民工子女不能适应学校的教育,难以达到教学要求。一些教师抱怨家长在孩子的教育上没能提供相应的监督与辅导。隐藏在这些抱怨背后的,是一种令人

---

* 安徽省教育科学规划 2014 年度三项改革专项课题"农民工子女学校融合教育研究"(JGZXA201408)。

深思的教育理念,即学生应该适应教育,且必须努力改变自己以适应学校的教育组织生活。这是一种相当普遍的教育理念,而这种理念自身的危害性以及由此引发的实践问题,并没有引起学校管理者及教育实践者足够的关注。然而,相当一部分农民工子女所遭受的学业失败,意味着我们必须认真对待此问题。实施学校融合教育,真正让农民工子女上学且学得好,就必须改变这一不合宜的教育理念,从学生适合教育走向教育适合学生。在本文中,我们用"随迁学生"来指称"农民工子女",以便表达对此问题的思考。

一、教学不适合随迁学生的问题归因

或许我们首先要提出并加以思考的问题是,教学不适合随迁学生到底意味着什么?对于这个问题的回答,表明我们能否获得对教学适合随迁学生的恰当理解。就一个事物的自我呈现方式而言,不适合总是既反映在教学过程之中,也反映在教学结果之中。而结果不过是过程中的一个点,是过程的一个阶段性表现。由此,我们可以从过程和结果两个方面来考察教学不适合到底意味着什么问题。

从教学的过程来看,教师向随迁学生呈现的内容或知识的对象或要求学生掌握的东西,并不能很好地为学生所接受或理解。在课堂上,这种不能理解直接表现为学生听不懂教师的授课内容。这种不能很好地接受或理解表现在结果上,就是学生的学业不良。随迁学生在教学过程中所表现出来的行为,特别是这些学生的作业行为,无论是书面的作业行为还是活动的作业行为,无论是课堂作业行为还是家庭作业行为,站在教师的立场和视角来看,都是不能令人满意的。至于随迁学生对自己表现出来的这类行为是否满意,则因人而异。这就是说,教学的不适合是在教与学、教师与随迁学生之间,出现了鸿沟,出现了一个彼此不能很好地理解对方的交往情境。从交往教学理论的角度来看,教学的不适合就是交往的失败;而从主体性教学理论的角度来看,教学的不适合就是主体的客体化,即受教育者被当成单纯的对象处理。

不过,单纯地从过程和结果两个维度出发,仍然不能够恰当地把握教学适合学生的意义。因为,就学生在教学过程中的自我呈现方式,以及这种呈现方式与主体的主观期待相对表现出一定的距离,也不能说明,人们就一定认为这是教学不适合学生。相反,现实的观察表明,教师更加倾向于认为,是随迁学生不适合教学,而非教学不适合学生。人们经常用以说明这个观点的一个例证是:为什么一个教师使用同一种教育方法教不同的学生,有的学生学得好,有的学生学不好,这并不能说明教师没有教好,只表明学不好的学生不适合这样的学习。这个推论是如此的似是而非,以至于人们在它面前往往显得缺乏底气或逻辑思维能力。这种推论忘记了,同一个教师所教的不同的学生,有的学得好,有的学得不好,只能表明教师的教学只适合于那些学得好的学生,而不适合于那些没有学好的学生。

的确,教学不适合表现出一种典型的情境性定义的特征。这就是说,同的观察主体对教学不适合可能会有不同的理解。站在教师的角度来看,所确定的学业要求有没有完成乃是判断适合或不适合的基本标准。不适合乃是学生对教学的不适合,或者带有偏向的表述,就是学生的不适应。不过,站在现代教育制度的立场上看,或者站在更加普遍的国家的立场上来看,则不适合是教学对学生的不适合。由此来看,教学不适合随迁学生或随迁学生不适合教学,不仅是两种观念的较量,更是有关学生学业失败的责任的归因。

教学不适合的情境性定义不仅体现在人们对适合或不适合的理解上,也体现在人们对教学的理解上。"教学"作为一个抽象的概念,乃是对特定主体借助一特定的媒介而开展的有意图的活动,从而对另一主体的精神、品德、体能等方面产生影响。由此,教学就是一个由多要素构成的复杂的整体,其要素可以划分为教学的目标、内容、方法、途径、手段、组织形式、评价以及管理等多个方面。因此,思考教学的适合性问题,就必须进一步思考其构成的各个要素的适合性问题,或者是各个要素相互结合形成一个整体效应的适合性问题。教学的不适合,可能表现为教学目标、教学内容、教学方法、教学途径、教学手段、教学组织形式、教学评价的不适合及教学管理的不适合,等等;教学的不适合,也可能表现为上述各种要素相互结合而构成的整体,或者表现为上述各个要素相互之间的不恰当的组合。

当教学适合随迁学生成为一种主导性的教学观念时,当随迁学生的学业失败被归因为教学不适合时,这种认识有可能导致一种批评,即认为这种观念过分强调教学,而无视学生的学习。单就命题的表达形式而言,确实存在着这种批评的可能性。但是,我们必须看到,"教学适合学生"这一命题,实际上是"教学适合学生的学习"这一命题的缩略表达。教学不适合学生,主要是指不适合学生的学习。学生与教学的关系,从根本上说是学生的学与教师的教之间的关系。教学不适合学生的学习,有其不同的强调与突出之处,或者着眼于教,或者着眼于学。从学生学习的角度来看,为什么学习、学习什么、如何学习、如何评价学习等,就成为教师教学要加以指导的实践问题。不过,教与学又是不能够截然分开的。目标的确定、内容的选择、方法的应用以及评价的实施等,对于教与学而言,既是同一个东西,又是不同的东西。所谓"同一个东西"是指教与学在相关的要素方面总是相互重叠的,即指向相同的方面;所谓"不同的东西"是指表面上看来的相同所指对象,在教与学的主体那里,会有不同的理解和感受。同样的东西以不同的方式呈现出来,不同的学习者看了也会产生不同的心理感受。

二、教学适合随迁学生的应有之义

教学适合学生作为问题被提出,是与现代教育制度的建立以及教学的普及化、全民化密不可分的。当夸美纽斯提出"把一切事物教给一切人"的教育理念时,当夸美纽斯同时提出"以班级授课制的形式来实现"的教育理念时,教学适合学生的问题就已经显现出来,并成为近代以来教育思想家孜孜不倦思考和探索的问题。在传统社会里,这个问题尽管也存在,但却表现得不如现代突出。理智化的教育追求以及个别化的教育形式,使得学生受教育的失败,往往被人们视为学生对于教学的不适合,是学生的理智水平对于所要掌握的理智化的教育内容的不适合,而不被解释为教师的教学不适合学生。然而,当所有的儿童都进入学校接受教育时,当随迁子女因为父母的流动而进入城市学校时,当教育的追求不再是单纯的理智化倾向,而是着眼于个体的全面发展时,教学的不适合也就成为一个现代问题显现出来了。

那么全部问题的本质在哪里呢?倘若我们不能够准确地把握住全部问

题的本质,我们也就无法找准解决教学适合性问题的突破口。为此,我们需要重新回到"教学适合学生"这一命题,回到对这个命题的概念分析上来。在这个命题的概念构成中,一个最重要的概念就是"学生"。就概念的表达而言,这是一个抽象的,并无任何具体内容的概念。尽管人们可以在抽象的意义上赋予"学生"以具体的内容,但是,它仍然是抽象的。而实际教学过程中的学生则是具体的人,是有着不同资质、不同背景、不同情感、不同思想意识、不同自然禀赋的具体个体。这些异质的个体聚合在一起,形成一个班级,从而构成一个群体,一个被人们视为具有同质性的群体或类的主体。不过,这个同质性或类的主体仅仅具有形式上的分类意义,并不具有实质上的实践意义。

这就是全部问题的症结所在。当教师进入课堂开始教学时,当全部的教学活动在类的主体中间展开时,这个教学并非是基于每一个学生的具体特点而展开的。恰恰相反,它是基于一个具有同质性的群体对象而展开。全部的问题由此暴露出来,那就是,在教学的"一"与学生学习的"多"之间,形成了一种不对称关系,一种"一"对"多"的不对称关系。从"一"与"多"的适合关系来看,任何教学都绝非全然失败或全然成功,总是在部分的成功中包含着部分的失败,在部分的失败中包含着部分的成功。换言之,在班级授课制下,任何教学都包含着适合的内容与对象。任何对教学的批评都不可避免地指向对不适合的那一部分的批评,也是站在不适合的那一部分学生立场上的批评。

教学的"一"与学生的"多"之间的紧张关系,在传统的教学活动中,是通过个别化的教学予以缓和的(但没有从根本上解决),并且这种缓和是以恰当的教学方法、内容以及其他教学方面的得当为前提的。在同一时间向度内,向众多不同特质的学生呈现相同的内容,其实就是用划一方法与手段,以实现相同的目标或教学任务。这种教学的基本形态,只有在一种条件下才有可能取得成功,那就是相聚于同一个班级内的所有学生,具有大体相同的智力水平和知识基础。也就是说,它要求必须消除班级学生的多样性或异质性,而使学生达到较高的同质性。只有在这种情形下,教学与学生的"一"与"多"的不对称关系才能够消除。不过,这样的教学条件在绝大多数的社会环境和教育背景下,似乎都很难具备。

　　班级授课加剧了这种紧张关系,这是近代以来的教育思想家以及教育实践者都意识到并且也一直努力解决的问题。道尔顿制、文纳特卡制、分组教学、特郎普制、小队教学、合作学习、个别辅导等一系列的尝试与改革,无不试图消除这种教与学的紧张关系。反过来,这些尝试与努力也证明教与学是一种紧张关系的存在。除了这方面的努力,人们还试图从教学的方法与艺术、从课程的设计与改造、从教师与学生的教育关系的变革、从教育教学的评价与管理等不同方面努力。活动课程的出现,意味着人们试图努力满足那些具有实际冲动倾向的学习者,然而所带来的问题是,活动课程似乎并不适合于那些具有理智倾向的学习者;立足于通过改进教学方法以适合理智倾向的努力,又不能适合那些实际冲动倾向的学习者。多元智能理论对智能的多元分析,需要以多样化的教育教学为实现条件,而最重要的条件则是评价的多元化,每一元评价都与传统的评价元具有等同的价值和意义。无奈,这个目标似乎与现实还很遥远。而从教学方法的改进上来看,诸多教学方法的灵活应用,又是以教师对学生的充分认识和了解以及对于教育本质的深刻领悟为条件的,而这个条件也不是轻而易举就能够获得的。单方面来看,每一种努力都具有现实的合理性,然而从整体和全面来看,又都不可避免地具有不合理性和局限性。全部的困难都在于"让教学适合每一个学生",这意味着,不仅要有对学生的多样性和异质性的理性认识,更要有对教学的复杂性和系统性的考量,即教学不仅仅是教学,它还涉及所有与其相关的因素:内容(课程)、组织、评价、管理等,涉及学校、家庭、社会和政府等全部的外在教育影响与力量。

　　在教学的上述紧张关系中,还隐含着另外一种紧张的关系,那就是阶段与过程的紧张关系。在学生的不同发展阶段,教学所面临或要解决的矛盾与冲突也不同,所以教学需要采取的方法与策略也要不同。现有的各种教学理论试图将教学适合性问题普遍化,意欲用一种方案一劳永逸地解决所有的教学适合性问题。各种教学理论之间的冲突与对立,正是这种意图的极端表现。例如,永恒主义的教学理论与进步主义的教学理论之间的对立与冲突,结构主义的教学理论与要素主义的教学理论之间的相互竞争，其特质就是试图将教学某一局部适合性问题全面化和普遍化。这些理论没有看到，在不同的人生教育阶段，目标的差异以及个体身心发展的差异决定了适合性的教学需要采取不同的策略。

上述教学适合学生所面临的困境，归结起来，一个是横向的适合性问题，即教学如何适合异质性教育对象群体问题；另一个是教学的纵向的适合性问题，即教学如何适合不断发展变化着的个体问题。

三、教学走向适合随迁学生的实践策略

要想让教学适合随迁学生还有许多不可回避的实践性困境，虽现有的教学理论研究开始对这些困境进行了多维度、多视角的研究，但问题似乎并没有得到真正解决。然而，这并不意味着在现有的教育制度背景下，"教学适合学生"的理念不能实现。恰恰相反，自古以来人们所做的各种尝试以及现有的教学理论对于有关教学的本质与规律性的认识，特别是因材施教的教学原则，为解决教学的适合性问题奠定了经验基础、思想基础和理论基础，为解决教学的适合性问题提供了充分的理论依据。概言之，教学走向适合随迁学生，需要回归到古典教育思想家所留给我们的教育智慧，回归到孔子所提出的"因材施教"的教学原则。

然而，简单的回归是不够的。我们必须将因材施教原则放在现代班级授课制的背景下来思考该原则所必需的前提条件。应该看到，因材施教乃是个别化组织形式下的原则要求。而在班级授课制下，该原则贯彻还面临着重重的障碍与困难。特别是教学面对多样性的学生对象时，因材施教就变得更加艰难。然而，这并不意味着因材施教原则已经过时。恰恰相反，在目前的教育制度背景下，我们需要重新思考和探索因材施教的可行之路，通过实现因材施教的主体转换，来实现教学走向适合学生的根本追求。

在前现代的教育组织形式下，在传统的教育观念和意识中，因材施教的承载主体是教师。能否实现因材施教，如何实现因材施教，以及实现因材施教需要做好哪些方面的工作，都是教师的个人行为，也是教师的责任所在。

在个别化的教学组织形式下，在教师能够自主地决定教学的目标、内容、方法与进程的背景下，这样的要求无疑是恰当的。问题在于，现代教育制度不仅带来了教学组织形式的根本变革，而且带来了教育主体担当的悄然转换。被置于具体实施与操作的境地，教师作为教育主体的能动范围与作用已大大下降。相反，政府在这个过程中已经承担起原本属于教师的职责。教育决策与教育行动原本归为一体的传统教育，被教育决策与教育行动相分离的现代教育所取代。后者被分裂为政府与教师。在这种背景下，因材施教所必需的条件已经不存在，再大而化之地提倡因材施教的要求或原则，其意义就大为减弱。

尽管背景已经变换，条件亦已经改变，但因材施教的教学思想资源的意义并没有因此丧失。问题的产生源于主体的转换，因此，为了更加有效地保证因材施教原则能够得到有效贯彻，我们同样需要从主体的转换入手来解决问题，以保证教学适合每一个学生。要而言之，在现代教育背景下，让教学适合学生主要采取了三大策略，即类型化策略、组织化策略和主体化策略。三大策略的交互应用，将使得现代教育制度下的教学不适合问题在一定程度上被解决。

类型化策略主要是通过将学生进行聚类分析，由此而将个别而多样的个体聚合成同质的类存在。在个别化的教学形式下，因材施教的"材"是个别学生，而在班级授课制下，这个"材"已经转换为学生群体，个体作为教育对象转换成"类"作为教育对象。尽管我们仍然可以将这个教育对象的"类"还原为学生个体，不过，这种还原也只有在非课堂教学的时空条件下才能够实现。倘若这个"类"的教育对象具有某种程度的相近性，以至于它似乎是一个学生，那么我们也就可以创设一种类似于个别化的教学情景或教学环境。要创设这样的教学情景或教学环境，需要借助教育组织的力量，因为单个的教师是无法实现的。这就是说，通过使用教育组织力量以及教育评价技术，对学生进行类型的区分，以使不同的学生个体获得同质性。类型化的班级是一个均质的学生集合体。大体相近的均质学生群体，构成一个类似个体存在的单一的教育对象。

在教学实践中,类型化策略通常要借助制度设计形成操作的基础,并在学校和班级两个层次上展开。学校层次的类型化表现为学校的特色化与多样化发展以及学校分层的制度设计;班级层次的类型化策略主要表现为有学校自我设计的分层教学。无论是在学校层次还是在班级层次,类型化都将带来教学对象的群体同质性,使得教师有可能将全部教学对象视为"一"的存在,从而降低因材施教的难度。然而,类型化策略的缺陷在于,它有可能背离教育的公平与公正价值追求。由于受到传统的教学资源不均衡分配的影响,一校或一班级之内的公平并不能保证教育的总体公平与公正。特别是当学校的类型化或分层教学意在追求教育目标实现之外的东西,如通过一种区分而将另外一部分学生置于忽略地位时,教育的不公平就可能遭到社会普遍的非议。

组织化策略是通过对构成教学的时空要素进行重新组合,打破班级授课制的时空组合,将时空齐一的教学安排转换为根据学生的潜质而分别确定教学时空,从而形成不同于班级授课制教学的组织形式,由此最大限度地使学生的差异性得到关照。从教育史的角度来看,道尔顿制强调学生自主确定学习时间,从而将时间的主体由学校转换成学生;文纳特卡制则让学生成为全部教学时间和空间的主体,学习时间与空间的自主决定以及学校对有关社会意识培养的各种活动的集体统一安排,既充分发挥了学生自主学习的优势,又避免了集体教学活动的不足。组织化策略将学生视为各具特点的学习者。教学的组织者看到更多的是学生的差异性而非共同性。全部教学的组织与安排,均从差异性出发,并将差异性视为教学活动安排的基本前提。从教学理论的建构来看,布卢姆的目标掌握学习理论,其实质是一种组织化策略的理论建构。它强调学生在教学过程中存在"学习性向"(学习速率)差异,即不同的学生在掌握同一教学内容时会存在时间上的差异。因此,只要给予每个学生充分的学习时间,他们都能够达到教学要求。如果说类型化策略强调学生的共同性或相似性,那么组织化策略所强调的则是学生的异样性或差异性。

主体化策略强调学生是学习的主体。其基本的教学理念是,真正适合的教学就是充分调动学生学习的积极性和主动性,能够激励他们主动学习。当学生在教学的过程中遇到困难的时候，教师则提供指导和帮助。不同的学生在学习相同的内容时可能会遇到不同的困难。而究竟会遇到怎样的困难和障碍，只有学生自己最清楚。当教师针对学生学习的不同困难进行适当的解决时，则教学适合学生也就具体化为实践行动。主体化策略试图通过主体性发挥而让学生自我呈现差异性。主体化策略要求教师在教学过程中扮演着教育家孔子的角色，做到"不愤不启，不悱不发"。"愤"和"悱"是学生的主体性表现，而"启"和"发"则是教师的职责。通过主体化策略实现教学适合学生，关键是教师要激发学生的学习动机，让学生成为学习的真正主人。

　　教学适合学生的3种主要策略各有其适应的条件和范围，且每一种策略都有其内在的局限或弊端。因此，促进教学适合学生，需要根据学生和教师的能力水平、现实条件等来决定采用何种策略。在日常的学校实践和探索中，人们往往会综合应用这3种策略。这3种策略只是描述了教学适合学生的主要形式。实际上，这3种策略可以相互组合而形成不同的策略亚型，如，类型化策略与组织化策略相互结合。而形成类型组织化策略，其典型形式有"走班制"等；类型化策略与主体化策略结合形成类型主体化策略，如面向全体与个别辅导相结合的教学策略。

［周兴国，安徽师范大学教育科学学院教授，博士，硕士生导师。］

安徽省留守儿童情感能力的现状调查*

徐俊华　邢国艳　朱路国

【摘　要】 为了解安徽省留守儿童情感能力的现状,探索其存在的问题,采用问卷调查的方法对安徽省342名留守儿童进行调查。发现安徽省留守儿童情感能力总体正向积极,但低于全国青少年水平,亟待提高;在具体因子得分上表现为情绪认知得分最高,情绪调控得分最低;男女生在情感能力上的差异不显著;留守儿童情感能力与师生关系、同学关系、学业自评、父亲教育状况同步发展。

【关键词】 留守儿童;情感能力;调查

留守儿童是指农村地区因父母双方或单方长期在外打工而被交由父母或长辈、他人来抚养、教育和管理的儿童。① 据《中国2010年第六次人口普查资料》统计,全国农村留守儿童已经达到6102.5万,占农村儿童的37.7%,

---

* 安徽省教育科学规划2014年度三项改革专项课题"留守儿童的情感心理发展特点及教育对策研究"(JGZXB201410)。

① 罗静、王薇、高文斌:《中国留守儿童研究述评》,载《心理科学进展》,2009(5)。

占全国儿童的21.9%,与2005年相比,5年间留守儿童增加了约242万。[1] 留守儿童问题备受党和政府的重视。2011年最新制定颁布的《中国儿童发展纲要(2011—2020年)》明确提出留守儿童工作的重要性以及工作规划,提出"健全农村留守儿童服务机制,加强对留守儿童心理、情感和行为的指导,提高留守儿童家长的监护意识和责任"。[2]

情感能力又称"情绪智力",是指以情绪或情感为操作对象所表现出的一种智力。也就是在智力层面上所表现出的情感特色,对个体的身心健康和人际关系具有重要作用。[3] 对于情感能力的研究一直是心理学和教育学等学科的热点领域,其研究对象涉及从小学生到大学生。[4] 然而对于留守儿童情感能力的研究则偏少,仅两项研究涉及留守儿童群体,且其采用的研究工具是国外针对大学生群体所开发的情绪智力量表,结果发现留守儿童与非留守儿童在情感能力上的差异不显著,这与社会上的评论相左。[5] 留守儿童情感能力的现状是否真如以往调查显示的那样乐观,还是由于调查工具局限所造成的假象。为此,我们采用具有本土化的《青少年情感能力问卷》来考察留守儿童情感能力的客观现状及影响因素,为进一步进行科学研究和教育实践提供参考。

一、调查方法

(一)调查对象

选取安徽省8个地区(黄山、宣城、安庆、合肥、蚌埠、阜阳、淮北、亳州)

---

[1] 李悦:《社会角色视角下的农村留守儿童心理与行为失范原因分析》,载《才智》,2015(2)。

[2] 段成荣、吕利丹、郭静等:《我国农村留守儿童生存和发展基本状况——基于第六次人口普查数据的分析》,载《人口学刊》,2013(3)。

[3] 竺培梁、卢家楣、张萍等:《中国当代青少年情感能力现状调查研究》,载《心理科学》,2010(6)。

[4] 汪海彬、卢家楣、陈宁:《情绪智力的基础:情绪觉察的研究现状与展望》,载《心理学》,2013(3)。

[5] 储婷婷:《浙江省留守儿童情绪智力、自我和谐与心理健康的关系研究》,浙江师范大学论文,2011。

342名在校留守儿童,其中男生178名,女生164名。

(二)研究工具

采用卢家楣等人编制的《青少年情感能力问卷》,问卷由20个题项构成,包括情绪感染、情绪认知、情绪体验、情绪评价、情绪调控5个因子,问卷采用6级记分,具有良好的同质信度、内容效度和结构效度。[①]

(三)研究程序

为确保调查过程的严谨性、规范性,我们分赴安徽省各地区进行现场调查和非委托调查。以个人测验或团体测验的方式,统一指导语,匿名填写,当场收发。然后将有效问卷数据信息录入计算机,运用Spss16.0软件进行统计、分析、处理。

二、调查结果

(一)留守儿童情感能力的总体现状

调查发现,与我国当代青少年情感能力的得分相比,安徽省留守儿童情感能力的得分平均数是3.93,通过进行单样本t检验,发现存在显著差异($P<0.001$)。情感能力下属5个因子得分平均数为3.73—4.12,从低到高依次是情绪调控、情绪评价、情绪感染、情感能力、情绪体验和情绪认知(如表1所示)。

表1 安徽省留守儿童情感能力及各因子与全国数据比较

维度	安徽省留守儿童	全国青少年	t
情绪感染	3.88±1.07	4.10±1.09	−4.85***
情绪认知	4.12±1.02	4.60±0.91	−8.69***
情绪体验	4.11±1.00	4.69±0.91	−10.69***

---

① 竺培梁、卢家楣、张萍、等:《中国当代青少年情感能力现状调查研究》,载《心理科学》,2010(6)。

续表

维度	安徽省留守儿童	全国青少年	t
情绪评价	3.78±1.00	4.55±0.92	−14.24***
情绪调控	3.73±0.93	4.10±0.94	−7.33***
情感能力	3.93±0.71	4.41±0.67	−12.387***

注：*P<0.05，**P<0.01***P<0.001，下同。

(二)不同性别留守儿童情感能力的差异

结果显示,男、女生在情感能力及其下属因子上的差异不显著(P>0.05)(如表2所示)。

表2 不同性别留守儿童情感能力的差异

维度	男生	女生	t
情绪感染	3.95±1.06	3.80±1.13	1.25
情绪认知	4.21±1.06	4.03±0.98	1.63
情绪体验	4.10±1.00	4.13±1.00	−0.20
情绪评价	3.80±1.02	3.76±0.98	0.35
情绪调控	3.71±0.96	3.76±0.89	−0.59
情感能力	3.96±0.75	3.91±0.71	−0.65

(三)不同师生关系留守儿童情感能力的差异

调查发现,不同师生关系下的留守儿童在情感能力及其下属的情绪感染、情绪认知、情绪体验、情绪评价上的平均得分有显著性差异(P<0.05),在情绪调控上的差异不显著(P>0.05)。进一步比较发现,上述情绪能力得分随师生关系渐差逐级降低(如表3所示)。

表3 不同师生关系留守儿童情感能力的差异

维度	很好	较好	一般	较差	很差	F
情绪感染	4.27±1.12	3.84±1.00	3.58±1.08	3.23±0.79	2.63±0.97	7.61***
情绪认知	4.44±0.99	4.17±0.94	3.75±0.99	3.58±1.29	2.94±1.46	8.11***

续表

维度	很好	较好	一般	较差	很差	F
情绪体验	4.45±1.00	4.20±0.83	3.67±1.01	3.33±1.17	3.25±1.51	10.67***
情绪评价	3.98±1.05	3.90±0.83	3.47±1.07	3.27±0.93	2.69±0.94	5.79***
情绪调控	3.94±0.95	3.68±0.88	3.59±0.97	3.60±0.66	3.50±0.91	2.09
情感能力	4.25±0.74	3.97±0.59	3.58±0.70	3.40±0.75	3.00±1.05	14.33***

(四)不同同伴关系留守儿童情感能力的差异

调查发现,不同同伴关系的留守儿童在情感能力及其下属的情绪感染、情绪认知、情绪体验和情绪评价上的平均得分有显著性差异($P<0.05$),在情绪调控上的差异不显著($P>0.05$)。进一步比较发现,上述情绪能力得分随同伴关系渐差逐级降低(如表4所示)。

表4 不同同伴关系留守儿童情感能力的差异

维度	很好	较好	一般	较差	很差	F
情绪感染	4.29±1.16	3.62±0.99	3.58±0.93	4.58±0.38	3.75±0.89	8.51***
情绪认知	4.42±1.08	3.95±0.98	3.93±0.84	3.50±1.64	5.00±0.90	4.90***
情绪体验	4.43±1.05	3.86±0.93	4.04±0.87	4.25±1.00	5.25±1.11	6.22***
情绪评价	3.98±1.11	3.70±0.94	3.61±0.85	2.92±0.14	4.25±1.38	2.62*
情绪调控	3.76±1.03	3.63±0.87	3.92±0.80	4.17±1.01	3.50±1.02	1.27
情感能力	4.19±0.77	3.76±0.68	3.82±0.61	4.00±0.65	4.38±1.04	6.66***

(五)不同学业自评留守儿童情感能力的差异

结果表明,学业自评不同的留守儿童在情感能力及其下属的情绪感染、情绪体验上的平均得分有显著性差异($P<0.05$),在情绪认知、情绪评价、情绪调控上的差异不显著($P>0.05$)。进一步比较发现,情感能力以及下属的情绪体验、情绪调控的得分随留守儿童学业自评渐好而逐级提高(如表5所示)。

表 5　不同学业自评留守儿童情感能力的差异

	优等	中上	中等	中下	较差	F
情绪感染	4.30±1.22	4.07±1.10	3.71±0.97	3.54±1.04	3.56±1.18	4.72**
情绪认知	4.22±1.21	4.22±0.92	4.00±1.01	4.26±0.97	3.50±1.31	2.27
情绪体验	4.33±0.99	4.27±0.94	4.00±0.98	3.98±1.07	3.63±1.22	2.69*
情绪评价	3.97±1.04	3.95±0.98	3.63±0.96	3.64±0.95	3.69±1.30	2.24
情绪调控	3.97±0.92	3.77±0.94	3.68±0.92	3.61±0.94	3.56±0.80	1.17
情感能力	4.19±0.85	4.06±0.71	3.81±0.67	3.81±0.74	3.59±0.53	4.10**

(六)不同父亲教育程度留守儿童情感能力的差异

结果表明,父亲教育程度不同的留守儿童在情感能力及其下属的情绪认知、情绪体验上的平均得分有显著性差异($P<0.05$),但在情绪感染、情绪评价和情绪调控上的差异不显著($P>0.05$)(如表 6 所示)。

表 6　不同父亲教育程度留守儿童情感能力的差异

维度	小学	初中	高中/中专	大学及以上	F
情绪感染	3.69±1.2	3.86±1.12	4.07±0.85	4.35±0.89	1.88
情绪认知	3.87±1.12	4.13±1.01	4.2±0.84	5.14±0.68	4.76**
情绪体验	3.91±1.17	4.12±0.92	4.27±0.94	4.77±0.77	3.14*
情绪评价	3.77±1.05	3.75±1.02	3.71±0.83	4.5±0.93	1.87
情绪调控	3.69±0.94	3.75±0.94	3.73±0.89	3.98±0.86	1.16
情感能力	3.78±0.88	3.93±0.69	4.02±0.58	4.59±0.48	3.73**

(七)不同父亲联系频次留守儿童情感能力的差异

结果表明,不同父亲联系频次的留守儿童只在情感能力和情绪认知上的平均得分有显著性差异($P<0.05$),在余下各情绪维度上的差异不显著($P>0.05$)(如表 7 所示)。

表7 不同父亲联系频次留守儿童情感能力的差异

维度	每天	每星期	一个星以上	半个月以上	一个月以上	F
情绪感染	3.90±1.22	3.92±1.22	3.62±1.03	4.02±1.96	3.94±1.18	1.46
情绪认知	4.16±1.11	4.31±0.96	3.96±1.01	4.06±0.91	3.99±1.25	1.50
情绪体验	4.01±1.15	4.24±0.93	3.92±1.00	4.17±0.96	4.10±1.04	1.75
情绪评价	4.06±1.01	3.92±0.98	3.49±0.97	3.81±0.95	3.61±1.07	2.67*
情绪调控	3.66±1.00	3.68±0.92	3.61±0.92	3.91±0.85	3.77±0.96	1.93
情感能力	3.94±0.73	4.04±0.68	3.72±0.73	4.00±0.71	3.90±0.81	2.42*

(八)在其他自变量上留守儿童情感能力的差异

因变量同上,分别以母亲教育程度(小学、初中、高中/中专、大学及以上)、母亲联系频次(每天、每个星期、一个星期以上、半个月以上、一个月以上)、父母关系(很好、较好、一般、较差、很差)为自变量,进行单因素方差分析。调查结果表明,留守儿童情感能力以及下属因子在上述变量上的差异均不显著($P>0.05$)。

三、讨论

(一)留守儿童情感能力总体正向积极但亟待提高

调查发现,安徽省留守儿童情感能力平均得分为3.93分,正处于问卷中设定的6点等级评分中"有点不符"(3分)和"有点符合"(4分)之间靠近4分线处,说明安徽省留守儿童情感能力总体处于正向、积极状态。但我们必须看到,这一得分距"基本符合"(5分)还有一定距离,离"完全符合"(6分)更是有相当差距,说明安徽省留守儿童情感能力整体水平仍然不高,还有很大的发展空间。情绪感染、情绪认知、情绪体验、情绪评价、情绪调控5个因子的得分平均数为3.73~4.12,即5个因子处于中等水平,有很大的提升空间。得分较低的因子是情绪调控和情绪体验,二者得分分别为3.73、3.78,与"有点符合"的水平存在差距。情绪调控能力,即善于有意识调节和控制自己情感状态的能力。① 与青少年各种心理和情绪问题多发的社会事实相符合的是,他们的调节和控制自身情绪的能力不强。没有父母在身边的留守儿童相对于其他青少年情绪发展不成熟、自控能力差、容易冲动,这些表明需要加强对留守儿童情绪调控方面的关注。情绪评价能力,即善于对自己或他人的情感内涵和合理性进行评估的能力。② 留守儿童无法与父母正面沟通,在表达自己情感和理解对方情感时表述常会出现偏离,这表明留守儿童尚缺乏情感理解和评估的能力。本研究客观地勾勒出当代留守儿童情感能力的现状,这对于引导全社会对留守儿童的客观认知和公众评价,促进留守儿童的健康成长,具有重大的社会现实意义。

(二)留守儿童情感能力在性别上的差异不显著

传统观念认为女生相较于男生情感更加丰富、细腻,在社会化的培养过程中情感能力也显著高于男生。然而,以往有关青少年的情感能力性别差异结果却与传统观念不一致:张俊等人研究发现,初中生的情绪智力在性别上有显著差异,③张冲等人的研究也证明了中学生情绪智力存在性别差异的结论。④ 然而,竺培梁调查重点高中的青少年情感能力发现,总体情感能力男生平均数低于女生,但差异不显著,⑤卢家楣等人也发现当代青少年情感能力在性别上无显著性差异。⑥ 此次调查发现,男生在情感能力及其下属的情绪感染、情绪认知和情绪评价因子上得分略高于女生,无显著差异;女生在情绪体验、情绪调控因子上得分略高于男生,同样也无显著差异。据此,可以认为不同性别留守儿童在情感能力上存在的差异属于结构性差异。

---

① 竺培梁、卢家楣、张萍等:《中国当代青少年情感能力现状调查研究》,载《心理科学》,2010(6)。
② 竺培梁、卢家楣、张萍等:《中国当代青少年情感能力现状调查研究》,载《心理科学》,2010(6)。
③ 张俊、卢家楣:《情绪智力结构的实证研究》,载《心理科学》,2008(5)。
④ 张冲、邹泓:《中学生情绪智力和创造性倾向发展特点及其关系研究》,载《中国特殊教育》,2009(9)。
⑤ 竺培梁:《重点高中生情绪智力研究》,载《心理科学》,2006(5)。
⑥ 竺培梁、卢家楣、张萍等:《中国当代青少年情感能力现状调查研究》,载《心理科学》,2010(6)。

(三)留守儿童情感能力受同伴关系、师生关系、学业自评的影响

王晓辰等人研究发现,学业成绩好的学生,同伴接纳水平、教师接纳水平也高。同伴接纳、教师接纳和学业成绩对学生的心理健康(尤其是抑郁、焦虑等情绪情感心理方面的因子)会产生一定影响。[①] 对留守儿童来说,学习是十分重要的生活内容。他们在班级集体中的学习状况、与教师和同伴的关系都会影响其情感能力发展。

1. 留守儿童情感能力在同伴关系上存在显著差异

调查发现,留守儿童情感能力及其下属情绪感染、情绪认知、情绪体验、情绪评价在同伴关系上有显著差异,但各因子得分无规律可循,而情绪调控则无显著差异。究其原因,一是个体能够使用多种有效的情绪调节策略;二是个体在情绪调节策略上存在着显著的性别差异;三是不同同伴关系群体在情绪调节策略的使用上存在着显著差异。[②]

2. 留守儿童情感能力随师生关系改良而上升

调查显示,留守儿童情感能力随师生关系渐好逐级提高,情感能力总水平由师生关系"很差"等级时的 3.00,直至"很好"等级时的 4.25,其中情绪感染、情绪认知分别从"很差"等级时的 2.63、2.94 到"很好"等级时的 4.27、4.44,差距显著,表明师生关系对其情感能力的发展具有重要作用。这与以往有关研究结论是一致的:李长伟指出今后教育改革的首要师生关系类型影响学生心理健康状况。[③] 究其原因,一是良好的师生关系会使学生因"亲其师"的情感迁移功能的作用,对教师产生超出单纯教与学的关系,进而有更深的情感交流;二是因为良好的师生关系会使情感的疏导功能发挥积极作用,使学生对教师的逆反心理减弱,乐接受性增强。为此,教师不应该仅仅满足

---

① 王晓辰、李清、高翔等:《小学生同伴接纳、教师接纳、学业成绩与心理健康的关系》,载《中国心理卫生杂志》,2008(10)。

② 郑杨婧、方平:《中学生情绪调节与同伴关系》,载《首都师范大学学报(哲学社会科学版)》,2009(4)。

③ 李彩娜、邹泓、杨晓莉:《青少年的人格、师生关系与心理健康的关系研究》,载《中国临床心理学杂志》,2005(4)。

于机械地传授知识,更应该建立良好、和谐的师生关系,以促进留守儿童情感能力的发展。

3. 留守儿童情感能力随学业自评升高而提升

调查发现,留守儿童情感能力及其下属情绪体验、情绪调控的平均得分会随着其自评学业成绩等级的升高而逐级提升。对自己学业成绩评为"较差"等级的留守儿童情感能力总平均得分只有3.59,而评为"优等"等级的平均得分达到4.19,相差较大。学习成绩固然十分重要,但个体看重的不是成绩本身,而是自己学习成绩在班级中的相对位置。学生对学习成绩的自我评估越好,就越有自信,就越有利于各方面情感的健康发展,[1]对留守儿童来说也是如此。学习成绩是留守儿童对自己在群体中学业状况的自我认定的方式,是影响其情感能力(包括情绪体验、情绪调控)的一个重要因素。究其原因,佼佼者更易获得同伴的羡慕和追捧,有更多学生愿意与之交往,他们容易拥有更好的人际关系,正好弥补父母关爱缺失带来的遗憾。

(四)留守儿童情感能力随父亲教育程度的提高上升

调查发现,留守儿童情感能力及其下属情绪感染、情绪认知和情绪体验的平均得分会随着其父亲教育程度的提高而逐级提高。父亲教育程度为"小学"等级的留守儿童情感能力总平均得分只有3.78,而为"大学及以上"等级的平均得分达到4.59,相差较大。这说明对留守儿童来说,父亲教育对其情感能力的发展起着重要作用,再好的母亲也无法替代父亲的角色。因为父教与母教是不同的,良好的父亲教育有利于孩子智力的发展,常与父亲相处有利于激发孩子的求知欲、自信心、情感能力,父亲还是孩子心理状态的调节者。[2]南宋文字学家王应麟在《三字经》中说:"养不教,父之过。"德国哲学家弗洛姆在《父爱的艺术》中说:"父亲是孩子的导师之一,他指给孩子通向世界

---

[1] 竺培梁、卢家楣、张萍等:《中国当代青少年情感能力现状调查研究》,载《心理科学》,2010(6)。

[2] 王志刚:《浅论家庭中父亲教育的缺失》,载《甘肃农业》,2006(5)。

之路。"可见,国内外都极其看重父亲对孩子的教育。这对留守儿童同样适用,父亲的教育程度对其情感能力的发展至关重要。

[徐俊华,黄山学院副教授;邢国艳,黄山学院教师;朱路国,黄山学院教师。]

农民工子女教育歧视现象与消除对策*

——基于社会支持主体向度的考量

李素梅　殷世东

【摘　要】农民工子女的教育问题一直是社会关注的焦点和热点。当前，农民工子女在教育起点、教育过程、教育结果等方面都存在不公平的现象。从社会支持的主体向度思考农民工子女教育公平问题，就要明晰政府职责和义务，发挥政府的主导作用；构建以学校为核心、社会组织为载体、家庭为基础的立体化支持模式。

【关键词】农民工子女；教育公平；社会支持

教育公平是最重要的社会公平，是公平原则在教育领域的体现和延伸。瑞典教育学家托尔斯顿·胡森提出教育机会均等。他认为就个体而言，"均等"至少包括以下3种含义：第一，"均等"首先是指个体的起点，即每个人都

---

* 国家社科基金项目"新时期中小学社会实践研究"（CHA100142）、安徽省教育厅人文社会科学项目"中小学生弱势群体情感教育问题研究"（SK2012B360）、阜阳师范学院人文社科研究项目（2010FSSK14）。

有不受任何歧视地开始其学习生涯的机会,至少是在政府所办教育机构中开始其学习生涯的机会;第二,"均等"也可以指教育中介性的阶段,即"对待"问题,亦即不管学生的人种和社会出身如何,教师都应该以平等的方式来对待每一个人;第三,"均等"还可以指最后目标或者是指这三者(即起点的均等、"被对待"的均等以及最后结果的均等)的综合,即通过各种措施使个人取得学业成功的机会更加平等。① 胡森的"教育机会均等"理论蕴含了教育公平3个有机组成部分,即教育起点公平、过程公平和结果公平,为我们研究教育领域的公平问题提供了新的维度。

一、问题的提出

近年来,随着社会的转型以及城市化进程的加快,我国农村劳动力在城乡和区域之间大规模流动,越来越多的剩余劳动力从农村流入城市。据国家统计局《2012年农民工监测调查报告》,2012年全国农民工总量达到26261万人,比上年增加983万人,增长3.9%。其中举家外出农民工3375万人,农民工随迁子女人数近2000万,随父母一起进城的孩子受教育问题日益突出。尽管从中央到各级政府都在关注农民工子女的教育问题,制定了一系列的政策措施,维护他们接受公平教育的权利。如《国家中长期教育改革和发展规划纲要(2010—2020年)》中把机会公平作为教育公平的关键,把促进义务教育均衡发展和扶持困难群体作为教育公平的重点,把合理配置教育资源作为教育公平的根本措施,认为促进公平的主要责任在政府身上。但在不少地方,由于政府经济投入不足、教育资源配置失衡、学校收费过高、师资力量不足等原因,保障农民工子女的教育公平问题并没有得到很好的落实,农民工子女面临着教育不公平。

农民工子女的教育问题,一直是社会关注的焦点和热点,解决之道需要社会主体的支持:政府转变职能,明晰职责和义务,发挥主导作用;学校组织开展有针对性的家校教育活动;利用社区优势,提高社区服务效率和质量;鼓

---

① 周洪宇:《教育公平是和谐社会的基石》,合肥:安徽教育出版社,2007。

励社会组织积极参与。实现农民工子女教育社会支持主体的多元化目标,为农民工子女创造一个接受公平教育的社会环境。

二、进城农民工子女教育不公平现象剖析

教育公平是指社会保障每个人对教育资源、教育权利和教育机会都有平等的享受权,让他们都有机会全面发展智力和体力。当前,农民工子女教育存在的不公平现象,体现在3个方面:

(一)教育起点不公平

根据国际法所规定的平等接受义务教育的原则——受教育者机会获取权上的平等,即每一个处于义务教育阶段的学龄儿童,不管其自身的情况怎样、家庭条件如何、处于什么阶层等,都有完全一样的、平等的入学和升学机会。然而,农民工大多收入水平较低、住房条件恶劣,为了降低生活成本,他们多选择在远离城市的"城乡结合部"以群租合住的方式暂时安定下来。对他们来说,子女进城就读首先要面对的就是复杂的入学手续,只有农民工具备多个部门分别颁发的证明,如务工证、暂住证、身份证、计划生育证、子女学籍证,其子女才能够享受"流入地政府为主"的政策,与当地孩子享受同等的教育待遇,免费接受义务教育。这些证明从表面上看是农民工子女的入学条件,其实质是变相地提高了农民工子女入学门槛,为其入学设置了无形的障碍。[①] 其次,高额的借读成本是农民工子女就读公办学校的最大障碍。城市高物价的"家庭单独租住房租"、家庭基本生活消费的压力、城市学校较高的显性和隐性的求学成本成为新时期压在进城农民工肩上的"三座大山"。以借读费和赞助费为例,国家统计局的一次城市农民工生活质量状况的专项调查显示,5065名有子女随行就学的农民工中,2493名农民工缴纳了借读费、赞助费,每人平均缴纳费用为1226元。其中,有42.08%的农民工交了500元以下的费用,有29.44%的农民工交了500~1000元,有16.33%的农民工

---

① 张艳等:《教育公平视角下农民工随迁子女义务教育问题解析》,载《湖北农业科学》,2012(4)。

交了 1000~2000 元。

(二)教育过程不公平

教育过程公平,既表现为社会成员对教育资源在数量和质量上平等地占有,又体现在人格、课程、教学和机会获得的平等对待。而这些恰恰没有在农民工子女身上得到公平体现:第一,教育过程中人格尊严不平等。有人曾把农民工子女受教育的不公平简单地归结为教育资源配置的不平等。其实,真正导致农民工子女教育不公平的根源在于由教育资源配置不平等引发的农民工子女深层次的自卑感。因为在教育公平问题上,人的尊严平等才是一个根本问题,尊严的平等即人格的平等是资源分配以及其他外在东西的前提。布坎南认为,人的道德平等即人的尊严平等是正义的首要范畴,正义的首要任务是保障人的平等尊严,继而解决资源的贡献和分配等次要问题。[①] 第二,课程设置和教学组织形式区别对待。农民工子女就读的学校主要有两类,即民工子弟学校和城市公立学校。在公立学校就读的农民工子女,他们的课程设置和当地学生是一样的;而那些在民工子弟学校就学的农民工子女,其课程设置通常处于混乱的状态且课程知识与城市学校差异明显。此外,在教学组织形式上,存在着对农民工子女的"区别"对待,如"分校""分班""分坐"等做法。这些做法本质上是对农民工子女的隔离和歧视,阻碍了其对城市教育的融入。第三,教育过程实施中师资条件不平等。相关调查显示,与城市公立学校相比,由于经费短缺、条件简陋、教学设备缺乏,加之民办学校没有教师编制,民工子弟学校师资力量不足,教师教学质量不高且流动性较大,即使在混合公办学校中,有些公立学校也会把农民工子女单独编班,配备与当地学生不同的师资力量,把优秀的教师分配给当地学生,而把没有教学经验或教学水平较低的教师分配给民工子弟班,导致教学过程中存在"矮化"现象。第四,教学过程中发展机会的不平等。在参与班级管理、课堂发言、师生互动、代表集体"出场"等机会的获得方面,农民工子女的发展机会与城市户籍学生相比明显不足。究其原因,与其说是农民工子女自我发展意识

---

① 慈继伟:《正义的两面》,上海:生活·读书·新知三联书店,2001。

不强,不如说是没有获得发展的机会。有研究发现,以教师在课堂中提供发言的机会为例,只有39.9%的农民工子女能够经常得到课堂发言的机会,41.7%的有时会有发言的机会,18.4%的很少或从来没有发言机会;而在城市户籍学生中,则是41.4%的学生经常有发言机会,43.5%的学生有时会有发言的机会,15.1%的学生很少或从来没有发言机会。[1]

(三)教育结果不公平

教育结果公平是指国家为每一个有才华的并且在发展自身智力方面不遗余力的人提供深造的机会,从而使个人潜能在发展的机会和利用上可持续地增长。农民工子女除了受教育机会不平等和教育过程的公平缺失之外,在教育结果的获得和利用上也缺失公平。一方面,农民工子女在流入城市接受义务教育后,接受后续高中阶段等非义务教育并不顺畅。农民工子女在流入地的初级中学完成义务教育阶段的学习后,他们需要做出选择:要么中断学业留在城市中自谋出路,要么回原籍参加高中升学考试。对于在城市"土生土长"的第二代农民工子女来说,再返回原籍已经不太现实,他们既是城市的"边缘人",又是家乡的"异乡人",所以既难以进入城市的优质学校,又无法融入家乡的教育和升学系统,只能成为身份模糊的"夹缝中人"。这种身份认同的危机会直接影响他们的生存状态和人格特点。[2]另一方面,在大学毕业后的就业问题上,与城市同龄人相比,农民工子女作为城市弱势群体,延续了其弱势家庭背景和拥有的稀缺的社会关系网络,他们要实现城市"边缘人"的身份转换,改变贫困代际传递的境遇,在城市找到理想的工作并安家落户,无疑困难重重。

三、从社会支持的主体向度思考农民工子女教育公平问题

社会支持从主体上分为正式支持与非正式支持,前者是指来自正式社会

---

[1] 王守恒、查晓虎:《进城农民工随迁子女的教育公平》,载《安徽师范大学学报(人文社会科学版)》,2011(1)。

[2] 杨东平:《深入推进教育公平(2008)》,北京:社会科学文献出版社,2008。

系统如政府、学校与各种正式组织机构的支持,非正式支持指源自个人社会关系网络如家人、亲友、同伴等的支持。消除农民工子女的教育歧视现象,需要社会主体之间的协调与支持。

(一)明晰政府职责和义务,发挥政府的主导作用

1. 放宽农民工随迁子女入学准入条件,保障教育起点公平

第一,要从根本上解决农民工子女的教育公平问题,需要进行户籍制度改革,规范户口管理,逐步取消农业户口与非农业户口的二元结构,取消地域、身份、户籍等对农民工子女的各种限制性措施。以上海市为例,他们改"户籍制"为"居住地制度",取消户籍对外来务工人员子女的限制,进一步改革和完善义务教育管理体制,变"地方负责,分级管理"为"地方负责,分级管理,城乡统筹,协调发展",破除城乡分割,保证教育投入,维护教育公平,促进教育和谐健康发展,切实把流入地和流出地的人口动向把握好,解决流入地与流出地儿童教育脱节的问题。

第二,根据农民工家庭的实际情况,降低农民工子女求学成本和入学门槛。一方面,在农民工相对集中的城乡结合部,设立公办学校,加大经费投入,吸引农民工子女就近上学,以此降低他们的入学成本。以广州市芳村区的经验为例,在芳村区33万常住人口中,外来人口占了45.5%,外来打工子女占常住人口子女的26.3%,而他们的入学率是100%。其中小学生占就读公办小学的54%,初中生占就读公办初中的65%,外来打工子女多于本地学生。此外,芳村区还有十几所以外来打工子女为主或完全以外来打工子女为生源的民办学校。辖区教育局做到了统筹调配公办学校和民办学校的教学资源,保证了外来打工子女和本地孩子接受同等质量的义务教育,大大提高了当地学生的入学率。[①] 另一方面,尽可能地减少农民工子女入学的程序和环节,放宽审批条件,只要农民工可以提供身份证明和工作证明,他们的子女就可以进入城市公办学校学习,享受与城市孩子一样的教育资源。

---

① 张晓刚、曾友枰:《我国义务教育公平性的实证研究——基于农民工子女"就学难"的分析与思考》,载《教学与管理》,2012(7)。

2. 合理配置教育资源，保障人格平等，维护教育过程公平

义务教育是公共产品，是强制性的免费教育，政府应该是义务教育的主要配置者，对义务教育投资负有不可推卸的责任。政府不仅要设立农民工子弟学校，更要改善农民工子弟学校的办学条件，把它们与城市公办学校一同纳入义务教育的正常管理体系，合理配置教育资源，保证学校的办学安全和师资质量。同时，政府还应尊重农民工子女的人格，把人格尊严、平等作为教育公平的首要前提，合力创建一个遏制并最终消除教育过程中对农民工子女有任何区别对待、人格诋毁、机会不均等现象的公平社会环境。

3. 制定补偿政策，实现教育结果公平

罗尔斯在谈到教育结果公平时曾指出："为了提供真正的同等机会，平等地对待所有人，社会必须更多地关注那些天赋较低和出生于较不利的社会地位的人们。这个观念就是要按平等的方向补偿由偶然因素造成的倾斜。至少在某一阶段，比方说早期学校教育期间是这样。"[①]他说的"早期学校期间"我们可以理解为义务教育阶段。在义务教育阶段，我国政府制定和实施了多项补偿政策，如2003年，教育部等六部委发布了《关于进一步做好进城务工就业农民子女义务教育工作的意见》，规定："进城务工就业农民流入地政府负责进城务工就业农民子女接受义务教育工作，以全日制公办中小学为主"，"流入地政府要制订进城务工就业农民子女接受义务教育的收费标准，减免有关费用，做到收费与当地学生一视同仁"。除此之外，能否向每个学生提供使其天赋充分发展的机会和成就前景，也体现了教育结果公平。为此，政府还必须制定和完善农民工子女接受义务教育后的补偿政策。如北京市出台了《进城务工人员随迁子女接受义务教育后在京参加升学考试工作方案》，该方案规定："自2013年起，凡进城务工人员持有有效北京市居住证明，有合法稳定的住所，合法稳定职业已满3年，在京连续缴纳社会保险已满3年，其随迁子女具有本市学籍且已在京连续就读初中3年学习年限的，可以参加北京市中等职业学校的考试录取。"

---

① [美国]约翰·罗尔斯著，何怀宏等译：《正义论》，北京：中国社会科学出版社，2009。

（二）构建以学校为核心、社会组织为载体、家庭为基础的立体化支持模式

1. 学校不仅是国家责任的具体承担者,而且作为专业的部门和组织,理应成为实现农民工子女教育公平的支持核心

一是为农民工子女提供平等的教育资源支持。在课程设置、班级分配、师资安排等方面,农民工子女享受与城市公办学校孩子同等的待遇。二是为农民工子女提供工具性支持。如学校设立农民工子女教育基金,针对农民工家庭实际生活状况,每年给农民工子发放补助金、奖学金,为特别困难的农民工家庭减免费用。三是为农民工子女提供制度支持。如建立农民工子女电子学籍档案,"学生学籍号以学生居民身份证号为基础,从幼儿园入园或小学入学初次采集学籍信息后开始使用",便于学校招生的计划调控和常规管理。如建立心理健康教育咨询制度,设立儿童咨询指导诊所,配备专业心理辅导和咨询教师,对有心理问题的农民工子女,做到及时发现、正确疏导。如建立互访制,学校定期安排教师走访农民工家庭,真实了解他们的实际困难,开展有针对性的补偿活动。学校也欢迎农民工随时到校了解子女教育情况,使他们真正参与到学校教育中来。四是为农民工子女提供情感支持。据调查,长期处于弱势状况的农民工子女进城以后往往出现自卑、怀疑、退缩等消极情绪和行为表现。他们特别需要教师、同学的关心、接纳和认可,而教师的慰藉和鼓励是他们适应陌生城市学校的开始。因此,教师应关注农民工子女的情感发展状况,通过与家长的密切合作,用关爱、鼓励、信任、宽容等积极的情感状态与他们进行情感交流,使他们获得积极的情感体验。五是为农民工子女提供同伴支持。学校有大量与其年龄相仿的城市学生,可有意识地组织结对互相帮助或组成合作团队开展各类有利于展现彼此才能和独特性的活动,促进农民工子女与城市同伴共同学习、共同玩乐、相互帮助和支持。[①]

[①] 翁启文、周国华:《流动儿童教育的社会支持:实践反思与模式选择》,载《西北大学学报(哲学社会科学版)》,2012(5)。

2. 发挥社会组织的支持功能,营造全社会关爱、帮扶农民工子女的立体化环境

有些公益性的社会组织与学校、家庭联合开展对农民工子女经济救助和支持活动,以社会组织的名义,设立奖助学金,给予农民工子女经济上的支持。如大连6家企业捐20万元设立农民工子女助学基金,参加此项基金设立的6家企业承诺,将连续5年每年捐献20万元;有些社会组织利用假期或节假日开展各种类型的公益活动,由学校动员组织农民工子女积极参与,让他们亲身感受来自社会各方的关心,在一定程度上消除其与城市的隔阂;也有些社会组织机构相互联合,开展关爱农民工子女活动,对他们进行情感上的帮助和支持。如自2010年5月团中央在全国范围内启动"共青团关爱农民工子女志愿服务行动"以来,各级共青团组织针对广大农民工子女的实际需求,动员基层团组织、青年志愿者组织与农民工子女进行结对和接力帮扶,为农民工子女开展学业辅导、亲情陪伴、感受城市、自护教育、爱心捐赠等多种形式的志愿服务。截至目前,这项行动已结对农民工子女较集中学校3.2万所,结对农民工子女730万人,全国参与服务的志愿者达436万人,已建设"七彩小屋"等各类志愿服务阵地1.7万个。①

3. 以家庭支持为基础,以社区支持为载体,促进农民工子女的教育公平

家是人们社会活动的出发点和追求目标,家庭关系是中国社会中非常重要的社会关系。家庭成员间的情感慰藉、心灵沟通以及经济扶持仍然对人们的精神、物质生活起着安全保障的作用。农民工子女所获得支持仍主要来源于家人的经济和情感支持。然而,来自弱势家庭的支持毕竟是有限甚至是无力的。随着大量农民工进入社区,开展面向群众的便民利民服务,面向特殊群体的社会救助、社会福利和优抚保障服务,面向下岗失业人员的再就业服务和社会保障服务的社区服务的社区成为新时期支持农民工子女教育获得的社会力量。具体来说,社区可以利用其与农民工家庭联系方便的优势,协

---

① 李菲:《团中央:共青团关爱农民工子女形成长效机制》,载《新华网》,2011年12月4日。

助宣传和执行国家对农民工子女的教育政策,为他们提供政策支持;开展职业技能培训,拓宽社区就业门路,把吸纳农民工就业工作落实到社区,为农民工及其子女提供经济支持;加快社区公共服务设施建设,让更多的农民工子女可以和城市学生一样享受到社区体育活动场所、文化活动中心等便捷的公共服务设施,享受同城待遇。

农民工子女教育公平问题涉及社会的方方面面,解决问题的出路既依赖于发挥政府的主导作用,又要合理有效地协调学校、社会组织、家庭三者之间的关系,还要增强农民工子女自立自强意识,努力克服孤僻、自卑的性格倾向和与社会对立的不良情绪。只有这样,才能有效遏制农民工子女教育不公平现象,为他们健康成长提供多方支持。

[李素梅,阜阳师范学院教育科学学院讲师;殷世东,合肥师范学院教师教育研究中心教授。]

留守儿童社会支持与心理健康的关系：
核心自我评价的中介作用

谢威士

【摘　要】 目的：考察留守儿童社会支持、核心自我评价与心理健康之间的关系以及检验核心自我评价在社会支持与心理健康之间的中介作用。方法：采用中小学生心理健康水平测验、社会支持量表和核心自我评价量表调查了1397名留守儿童。结果：留守儿童社会支持、核心自我评价与心理健康都存在显著相关；留守儿童社会支持对心理健康直接效应显著；留守儿童核心自我评价在社会支持和心理健康间起完全中介作用。结论：留守儿童的社会支持、核心自我评价与心理健康三者关系密切，社会支持通过核心自我评价的完全中介作用影响心理健康。

【关键词】 留守儿童；社会支持；核心自我评价；中介效应

一、引言

随着城市化进程的推进,我国人口迁移流动呈愈加频繁的趋势,自20世纪 80 年代中期,我国流动人口开始大规模出现,留守儿童的数量已有 2000 多万,并且还在逐渐增加。① 留守儿童逐渐成为一个因问题突出而被社会关注的群体。② 关于留守儿童的定义目前尚不统一,对其争议,主要表现在以下方面:对留守儿童的年龄范围的限定;留守儿童的留守经历持续的时间长短;曾经留守现在已不处于留守状态的儿童是否属于留守儿童;对父母双方均外出或者父母一方外出的儿童是否作出一定的区分等。目前大多数研究者认可的概念是:父母双方或者单方外出打工,因此被留在户籍所在地,并被交给父母单方或者父母的亲人、朋友代为抚养,而且代抚养时间达到 6 个月以上的 6 到 15 周岁的儿童。③ 因为缺乏父母亲直接的家庭教育和亲情关怀,留守儿童生活、心理和情感上的需要得不到满足,可能会存在不同程度的问题,其中表现在心理健康方面的问题尤为突出。在李宝峰等人的研究中,④ 留守儿童心理健康测评的躯体化、强迫症状、人际关系敏感、抑郁、焦虑、偏执、敌对、恐怖、精神病性 8 个维度上的得分都显著高于非留守儿童。

影响留守儿童心理健康的因素是多方面的,其中,社会支持与核心自我评价等因素对于留守儿童心理健康的影响引起了学者们的关注。社会支持的定义来源于心理学,是可以为个体提供实际的帮助或感情上的依赖的一种社会的相互作用或关系。社会支持在社会学上也得到广泛的应用,社会支持是个体感觉处于一个被关心、被尊重、有自尊、有价值的相互承担责任的沟通网络。李鲁认为,社会支持是指一个人从社会网络所获得的情感、物质和生活上的帮助,因此获得社会支持是作为人的一个基本社会需要,它并不是一个被动的过程,而是相互的过程。⑤ 很多文献表明,心理健康和社会支持有着密切的关系。李志专等人的研究表明,社会支持状况是农村留守儿童心理健康水平的重要预测变量,而且不同来源社会支持对留守儿童心理健康水平

---

① 周福林、段成荣:《留守儿童研究综述》,载《人口学刊》,2006(3)。
② 段成荣、周福林:《我国留守儿童状况研究》,载《人口研究》,2005(1)。
③ 熊磊、石庆新:《农村留守儿童的心理问题与教育对策》,载《教育探索》,2008(6)。
④ 李宝峰:《农村"留守子女"的心理健康问题及其干预》,载《教育探索》,2005(5)。
⑤ 何敏媚、郭冬梅、洪学智等:《大学生抑郁状况与社会支持关系研究》,载《齐齐哈尔医学院学报》,2011(18)。

预测效应也是不同的。① 冯景秋、赵笑梅等人认为,社会支持能够有效地预测心理健康水平。② 其中社会支持中主观支持维度与学习焦虑、自责倾向、冲动倾向是呈负相关的,客观支持和学习焦虑、孤独倾向、躯体倾向呈负相关,支持利用度与学习焦虑、对人焦虑、自责倾向呈负相关。留守儿童的支持利用率维度明显低于非留守儿童且达到显著水平。③

"核心自我评价"是由 Judge 提出的一个理论概念,是指个体对自身能力与价值所持有的最基本的评价。核心自我评价由控制点、自尊、一般自我效能、神经质这4种人格特质构成。赵英淑、杨磊在研究中对留守儿童的心理健康及核心自我评价进行测评,发现两者之间的相关是显著的。④ 和非留守儿童相比,留守儿童自尊心水平要显著低于城市儿童,并且普遍缺乏自信心,他们更倾向于将失败、过失的责任归咎于自我,自信心不高,自卑心理相对严重,核心自我评价水平也低于非留守儿童。⑤ 这个结论与李永鑫和张翔的研究结果也是一致的,他们认为,核心自我评价越高的个体越能积极看待自己,其心理健康状况越好。⑥

从上述研究结果可以看出,留守儿童的心理健康、社会支持与核心自我评价有着密切的关系。留守儿童心理健康与社会支持、核心自我评价三者之间存在显著相关,这为核心自我评价成为留守儿童心理健康与社会支持之间的可能的中介变量提供了支持。目前已有的文献对留守儿童心理健康等方面的研究颇多,但对留守儿童核心自我评价与心理健康水平的关系研究较

---

① 李志专、郭静:《农村留守儿童心理健康状况的调查研究》,南昌大学论文,2008。
② 冯秋景、赵笑梅:《小学生社会支持、应对方式与心理健康的研究》,载《河北师范大学学报(教育科学版)》,2010(5)。
③ 陈云辉、齐金玲、张宇博:《农村初中留守儿童心理健康状况与社会支持的特征》,载《齐齐哈尔医学院学报》,2014(9)。
④ 杨磊、赵英淑:《流动儿童社会支持与心理健康:学校归属感的中介作用》,载《中小学心理健康教育》,2011(6)。
⑤ 段成荣、梁宏:《关于流动儿童义务教育问题的调查研究》,载《人口与经济》,2005(1)。
⑥ 张翔、赵燕:《师范专科生核心自我评价与心理健康状况的关系》,载《中国学校卫生》,2009(2)。

少,在留守儿童核心自我评价、社会支持和心理健康三者的关系与作用机制方面的研究也不多。因而,留守儿童核心自我评价是否在社会支持和心理健康间具有中介效应,成为一个值得研究的问题。深入探讨该群体的心理特点和心理健康的作用机制,成为学生心理健康研究中的重要方面。[①]

本研究试图通过对留守儿童进行调查,了解留守儿童心理健康的现状,进而探讨留守儿童核心自我评价、社会支持和心理健康三者的关系,以及核心自我评价在其中的中介作用,进一步了解留守儿童的心理状况,找出存在的问题并分析原因,丰富留守儿童的研究内容,为更好地改善留守儿童心理状况提供理论依据。

二、研究方法

(一)研究对象

本研究选取 1432 名安徽省农村地区初中学生为被试,剔除无效问卷 35 份,得到有效问卷 1397 份,问卷回收率为 97.5%。其中男生 851 人,女生 543 人;七年级 491 人,八年级 451 人,九年级 455 人。

(二)研究工具

1. 中小学心理健康水平问卷

采用修订的中小学心理健康水平测验(PSMH),[②]该测验分为 8 个维度,共 100 个条目。采用两级评分法,即"是"记 1 分,"不是"记 0 分。量表的分半信度为 0.89,表明该问卷有较高的内部一致性,重测信度为 0.65~0.82,表明该问卷的信度较高。本次施测该问卷的克伦巴赫 α 系数为 0.876。

2. 核心自我评价问卷

采用杜建政、张翔等于 2007 年编制的核心自我评价量表,[③]该问卷是一

---

① 段成荣、周福林:《我国留守儿童状况研究》,载《人口研究》,2005(1)。
② 参见华东师范大学教授周步成的《心理健康诊断测验(MHT)》。
③ 杜建政、张翔、赵燕:《核心自我评价的结构验证及其量表修订》,载《心理研究》,2012(3)。

个单维度的自评量表,由 10 个条目组成,采用五级计分法,从 1 分到 5 分分别表示"完全不同意"到"完全同意"。该量表的内部一致性系数为 0.83,分半信度为 0.84,间隔 3 周的重测信度为 0.82,表明该问卷具有良好的信度和效度。本次施测该问卷的克伦巴赫 α 系数为 0.784。

3. 青少年社会支持量表

采用以肖水源的社会支持理论模型为基础编制的青少年社会支持量表,该量表分为 3 个维度,共有 17 个条目,包括主观支持、客观支持、支持利用度 3 个维度,五级计分。从 1 分到 5 分分别表示"完全不符合"到"完全符合"。张雯等人的研究表明,该问卷具有良好的信度与效度。[①] 本次施测该问卷的克伦巴赫 α 系数为 0.523。

(三)统计方法

使用统计软件 Spss17.0 及 Lisrel 对数据进行统计与分析。

三、研究结果与分析

(一)留守儿童心理健康水平的现状

1. 留守儿童心理健康水平的性别及年级差异

男、女留守儿童心理健康水平得分比较的结果表明:男、女留守儿童在身体症状、交往障碍、孤独、自责、过敏、恐惧、冲动和心理健康总分上的得分均达到了显著水平,男生在身体症状、孤独、过敏和心理健康总分上的得分极其明显地高于女生($p<0.001$),在交往障碍和自责上的得分显著高于女生($p<0.05$);女生在恐惧上的得分明显高于男生($p<0.001$)。而男、女生在学习焦虑上的得分差异不显著($p>0.05$)。

---

① 张雯:《初中生社会支持与幸福感及其相关因素》,载《中国临床康复》,2004(24)。

表 1 留守儿童心理健康水平性别差异检验($M \pm SD$)

	学习焦虑	身体症状	交往障碍	孤独	自责	过敏	恐惧	冲动	心理健康总分
男	23.97±2.63	24.17±2.57	13.86±1.84	15.77±1.97	15.40±1.71	13.57±1.80	16.36±1.82	14.23±1.80	154.55±13.48
女	23.87±2.51	23.47±2.55	13.61±1.76	15.19±2.46	15.10±1.71	13.14±1.69	15.92±1.71	13.77±1.62	150.85±12.66
t	0.698	4.985***	2.473*	4.904***	3.135**	4.426***	4.479***	4.874***	5.105***

注:* $P<0.05$,** $P<0.01$,*** $P<0.001$。

不同年级留守儿童在心理健康各个维度的方差分析结果为:不同年级留守儿童在学习焦虑($F=11.101, p<0.001$)、交往障碍($F=3.304, p<0.001$)、孤独($F=1.247, p<0.001$)、自责($F=4.301, p=0.014$)、过敏($F=1.247, p<0.001$)、恐惧($F=5.857, p=0.003$)和冲动($F=20.241, p<0.001$)7个维度上的得分差异显著,从总体来看,不同年级留守儿童心理健康总分差异也是显著的($p<0.001$)。而且七年级心理健康测验得分高于八年级与九年级,九年级的心理健康测验得分高于八年级。

表 2 留守儿童心理健康水平年级差异检验($M \pm SD$)

	学习焦虑	身体症状	交往障碍	孤独	自责	过敏	恐惧	冲动	心理健康总分
七	24.37±2.53	24.05±2.53	14.10±1.81	15.59±1.90	15.46±1.73	13.68±1.75	16.41±1.76	14.45±1.75	155.40±13.04
八	23.66±2.51	23.67±2.56	13.59±1.78	15.21±2.06	15.14±1.75	13.13±1.81	16.03±1.84	13.80±1.74	151.05±13.39
九	23.93±2.58	23.97±2.65	13.57±1.81	15.83±2.50	15.24±1.64	13.37±1.70	16.11±1.75	13.87±1.67	152.73±13.09
F	11.101***	2.869	13.029***	9.575***	4.301*	11.564***	5.857**	20.241***	13.135***

注:* $P<0.05$,** $P<0.01$,*** $P<0.001$。

2. 留守儿童社会支持与核心自我评价的差异

不同性别在社会支持各个维度的方差分析结果为:不同性别留守儿童在主观支持、客观支持和支持利用度3个维度上存在着显著的差异,且女生在3个维度上的得分及社会支持总分均高于男生。男、女留守儿童的核心自我评价也存在着明显的差异,男生的核心自我评价得分显著高于女生。

表 3 留守儿童社会支持与核心自我评价性别差异检验($M \pm SD$)

	主观支持	客观支持	支持利用度	社会支持	核心自我评价
男	16.20±4.84	21.79±5.29	19.33±5.82	57.31±13.28	31.93±5.64
女	17.11±4.84	22.83±5.33	20.88±6.15	60.81±13.77	31.30±6.09
t	11.558***	12.698***	22.438***	22.282***	3.893*

注:* $P<0.05$,** $P<0.01$,*** $P<0.001$。

(二)留守儿童心理健康、社会支持与核心自我评价相关分析

对留守儿童社会支持、核心自我评价、心理健康相关分析结果表明(如表4所示),留守儿童心理健康与社会支持存在显著相关、与核心自我评价存在显著相关,留守儿童核心自我评价与社会支持存在显著相关。

表4 留守儿童社会支持、核心自我评价与心理健康三者相关分析

	心理健康	社会支持	核心自我评价
心理健康	1		
社会支持	0.233**	1	
核心自我评价	0.468**	0.329	1

注:*$P<0.05$,**$P<0.01$,***$P<0.001$。

(三)留守儿童核心自我评价在社会支持与心理健康间的中介效应检验

由图1可知,社会支持与心理健康直接效应显著中路径系数为0.29,$t=8.96**$,社会支持对心理健康影响显著,即可做核心自我评价在社会支持与心理健康之间的中介效应检验。

该模型的 x^2/df 的值为2.992,RMSEA 为0.038,NFI 为0.99,CFI 为0.99,GFI 为0.98,AGFI 为0.97,IFI 为0.99。一般认为 x^2/df 的值小于3,表示模型可以接受,REMSEA 小于0.05,NFI、CFI、GFI、AGFI、IFI 这5项指标均大于0.9,表示观测数据与模型拟合得非常好。从模型上看,社会支持和核心自我的路径系数为0.44,$t=13.00***$,核心自我和心理健康的路径系数为0.58,$t=13.48***$,社会支持和心理健康的路径系数为0.03,$t=0.92$。若 X 对 M 影响显著,M 对 Y 影响显著,且 X 对 Y 影响不显著,则表明 X 对 Y 的影响完全是因为 M 产生的。① 在该模型中,社会支持对心理健康的影响除了直接效应,还存在一条以核心自我评价为中介变量的间接效应,且核心自我评价在社会支持对心理健康的影响中起到完全中介的作用。

---

① 温忠麟、候杰泰:《中介效应检验程序及其应用》,载《心理学报》,2004(5)。

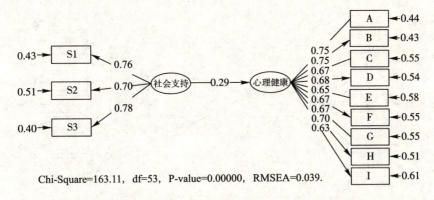

图1 留守儿童社会支持与心理健康直接效应检验模型图

四、讨论

(一)留守儿童心理健康水平的现状

从整体来看,留守儿童心理健康测验得分较高,说明其心理健康水平较低,存在一定的问题。这和胡昆等人的研究结果是相符合的。[①] 在男、女生性别差异检验中,男、女留守儿童在身体症状、交往障碍、孤独、自责、过敏、恐惧、冲动和心理健康总分上的得分上均有显著差异。男生在身体症状、孤独、自责、过敏、恐惧、冲动6个维度以及心理健康总分上均高于女生。这可能和男、女生在同一时期不同的发展特点有关。初中留守儿童正处于青春期。在青春期,女生感情相对细腻,较为敏感胆小,在人际交往上比男生更容易感受到挫折。而男生在青春期思想和行为受同伴影响,求知欲强,好奇心重,勇于探索创新,有强烈的冒险精神,独立意识增强,时常会感到孤独,喜欢自己做出决定,不喜欢受到过多的约束,容易情绪不稳,和女生相比更容易出现逆反和敌对情绪,更容易冲动。

---

① 胡昆、丁海燕、孟红:《农村留守儿童心理健康状况调查研究》,载《中国健康心理学杂志》,2010(8)。

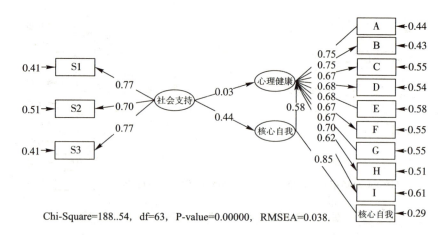

图 2　留守儿童核心自我评价在社会支持与心理健康中介效应检验模型图

不同年级的留守儿童在学习焦虑、交往障碍、孤独、自责、过敏、恐惧和冲动这 7 个维度上有着显著的年级差异。七年级的留守儿童在学习焦虑、交往障碍、自责、过敏、恐惧和冲动这 6 个维度上的得分明显高于八年级和九年级留守儿童。其中八年级留守儿童在学习焦虑、自责、过敏、恐惧和冲动这 4 个维度上得分最低,表现出更多的问题。在心理健康总分上,七年级留守儿童得分显著高于八年级和九年级留守儿童,八年级留守儿童最低。这可能是因为七年级留守儿童刚进入一个新的生活环境,一切都是陌生的,面临着学习和适应新环境的压力,更容易产生心理问题。八年级留守儿童经过一年学校生活的历练,基本适应了初中生活,有了稳定的伙伴关系,在学校里能得到更多人的感情支持。九年级留守儿童又处于一个选择的阶段,学习任务加重,还面临继续学习或者辍学工作的选择压力,更容易处于焦虑状态。

男、女留守儿童在社会支持总分上存在着非常显著的性别差异,且女生的社会支持分数高于男生。这可能与男、女生心理发展有不同特点有关。初中留守儿童基本上处于青春期,女生在青春期很敏感,更为关注与周围人相处的关系,会有自己经常倾诉的朋友,感情能得到很好的宣泄,因此会感受到更多的帮助与支持。男生的核心自我评价得分显著地高于女生,这与已有的研究也是一致的,因为男生在青春期身体变得强壮健康,体验着更多的自信,对自我的评价更为乐观,而女生对自己的评价相对较低,表现更为内向。

(二)留守儿童心理健康、社会支持与核心自我评价相关分析

留守儿童心理健康和社会支持相关达到显著水平,这与以往刘晓慧[①]和班永[②]等人的研究结果也是相一致的。同时这也是可以假设核心自我评价在社会支持与心理健康之间有中介效应的前提。初中留守儿童处于人生成长过程中的重要阶段,是自我意识快速发展的第二个关键期。他们从自我为中心的状态逐渐开始关注外界,并开始注重与其他人的关系发展。他们的感情很脆弱,很多时候需要其他人如父母、朋友、同学等的情感支持,这对其心理健康发展有着很大的帮助。核心自我评价是留守儿童对自我认知的一个重要方面。对自我的评价越高往往心理健康水平就越高,对自己的核心评价越高、越积极,遇到问题就越会主动寻求解决办法。社会支持、核心自我评价与心理健康这三者之间是相关的,这为核心自我评价在心理健康与社会支持之间起到中介作用提供了充足的依据。

(三)留守儿童核心自我评价在应社会支持与心理健康间的中介效应检验

中介效应检验结果显示:留守儿童核心自我评价在社会支持和心理健康间起完全中介作用。即留守儿童的社会支持不仅可以直接影响心理健康,还可以通过影响核心自我评价来影响心理健康。留守儿童如果得到更多的社会支持,对自我的评价就会相对积极正向,从而会间接影响到留守儿童的心理健康水平。如果留守儿童感受到较少的社会支持,则通过核心自我评价也会影响其心理健康水平。这一研究发现有助于进一步了解留守儿童不同水平的社会支持是如何通过核心自我评价来影响心理健康的心理机制问题。

如果留守儿童有较高的社会支持水平,在生活、学习中就会感觉到较多的感情支持,人际关系会发展较好,对自我的评价相对就高,能够正面地积极

---

① 刘晓慧、杨玉岩、哈丽娜等:《留守儿童情绪性问题行为与社会支持的关系研究》,载《中国全科医学》,2012(28)。

② 班永飞、宋娟、吴孝勇:《贵州省农村留守儿童问题行为特点及与社会支持的关系》,载《中国儿童保健杂志》,2013(1)。

地评价自己,感受到自己的价值,会较少地出现心理问题,心理健康水平较高。而当留守儿童缺乏社会支持时,遇到问题就会回避,处于被动状态,核心自我评价也会较低,对自我不认同,心理健康水平相应的就会较低。

留守儿童处于人生中的重要阶段,改善留守儿童心理健康状况势在必行。留守儿童核心自我评价在社会支持与心理健康之间的中介作用启示我们:可以通过改善社会支持水平,在生活中多给留守儿童感情上的支持,多与他们交流,给他们提供感情上的依靠,让他们在遇到问题时能主动面对,从而避免出现心理问题,也可以通过提高留守儿童的核心自我评价来对其心理健康进行间接的干预,从而提高他们的心理健康水平。本研究发现,中介作用能比直接作用更好地解释社会支持与心理健康的关系,所以,在提高留守儿童的社会支持水平的同时,提高他们的核心自我评价水平能更有效地改善留守儿童心理健康水平。

五、结论

留守儿童的心理健康水平存在显著的性别差异及年级差异。男生的心健康水平显著低于女生;八年级留守儿童心理健康水平显著高于七年级和九年级留守儿童,且九年级留守儿童心理健康水平显著高于七年级留守儿童。留守儿童社会支持与心理健康存在着显著的相关,社会支持对心理健康的直接效应显著。留守儿童的社会支持与核心自我评价的相关系数也达到显著水平。核心自我评价对留守儿童的社会支持存在正向影响。留守儿童核心自我评价在社会支持与心理健康之间起完全中介作用。

[谢威士,合肥师范学院教师教育学院讲师。]

农村留守初中生主观幸福感现状研究*

——以安庆地区12所农村中学为例

励骅 曹杏田 姚恺帆

【摘 要】目的:了解安徽地区农村留守初中生主观幸福感的现状。方法:采用青少年主观幸福感量表对安徽地区272名农村留守初中生进行测查。结果:在家庭满意度、学校满意度、自由满意度和总体生活满意度上,农村留守初中女生的得分显著高于男生;在负性情感上,农村留守初中男生的得分显著高于女生。在学业满意度、学校满意度、负性情感和正性情感上,存在显著的年级差异。结论:农村留守初中女生的总体生活满意度和主观幸福感高于农村留守初中男生;总体生活满意度不存在年级差异,但主观幸福感存在年级差异。

【关键词】农村;留守初中生;主观幸福感;现状

主观幸福感是积极心理学的一个重要课题。主观幸福感是指评价者根

---

* 安徽省教育科学规划2014年度三项改革专项课题"基于留守儿童心理需要的学校关爱模式研究"(JGZXB201411)。

据自定的标准对其生活质量的整体评价,包括对情感和认知两方面的评价,具体包括生活满意度、积极情感和消极情感3个部分,是衡量个人和社会生活质量的一个综合性指标。主观幸福感具有主观性、相对稳定性和整体性等基本特征。

目前,有关主观幸福感的实证性研究的人群主要集中在大学生、城市居民及老年人身上,而对留守初中生的主观幸福感的研究则不是很多。李焰、谭春芳等通过自编问卷对1330名城市留守初中生进行调查,发现83.1%的初中生时常有幸福的体验;在性别上,初中生的幸福感不存在显著差异($t=1.568, P>0.05$);在年级上,初中生的幸福感存在显著差异($F=4.245, P<0.05$);在家庭经济条件上,初中生的家庭经济条件不同,总体幸福感存在差异。[①] 孙翠香通过 Huebner(1994)编制的青少年生活满意度量表对城市和县城的768名初中生进行调查研究,发现初中生主观幸福感处于中等程度以上,在生活满意度各维度中,对家庭的满意度最高,对环境的满意度最低;不同年级的初中生在生活满意度和消极情感上显著不同,在生活满意度上,初一学生的生活满意度高于初二和初三学生,而初二和初三学生之间的差异不显著;在消极情感上,初二学生体验到的消极情感最多,而初一、初三学生之间的差异不显著;性别对自我满意度影响显著,而对主观幸福感的其他维度影响不显著。[②] 张兴贵通过自编的青少年主观幸福感问卷对146名留守初中生(其中城市52名,农村94名)进行调查发现,初中生的生活满意度为62.3%,略高于中等水平,同时初中生体验到的正性情感略高于体验到的负性情感。[③] 但石国兴、杨海容通过采用张兴贵编制的青少年主观幸福感量表对482名城市初中生进行研究却发现:性别对家庭满意度、环境满意度、自由满意度和友谊满意度产生显著影响,其中男生友谊满意度高于女生,而在其

---

① 李焰、谭春芳:《留守初中生幸福感影响因素的研究》,载《中国心理卫生杂志》,2004(10)。
② 孙翠香:《留守初中生主观幸福感与人格特征的关系》,载《青少年研究》,2004(2)。
③ 张兴贵、郑雪:《青少年学生大五人格与主观幸福感的关系研究》,载《心理发展与教育》,2005(2)。

他维度上女生高于男生[①]。

从上面的论述中可以看出,目前国内对初中生的主观幸福感研究不是很多,而对农村留守初中生主观幸福感的研究更是少之又少,而且仅有的有关初中生主观幸福感的研究所得出的结论还存在不一致的地方。鉴于此,本研究选取安庆地区农村留守初中生作为研究对象,试图了解农村留守初中生主观幸福感的现状及其影响因素,以期为农村留守初中生心理健康教育提供一定的参考。

一、对象与方法

(一) 对象

随机从安庆地区 12 所农村中学,抽取 272 名留守初中生,其中初一 88 人、初二 90 人、初三 94 人,其中男生 122 人、女生 150 人。采用团体施测法,以班级为单位施测,当场收回问卷,问卷的回收率为 94%,有效率为 96.45%。

(二) 方法

采用问卷调查法。采用张兴贵编制的青少年学生主观幸福感量表,该量表包括青少年学生生活满意度量表和快乐感量表两个分量表。青少年学生生活满意度量表包括 37 个题目,报告在过去几周以来对自己生活状况的看法,快乐感量表由积极情绪和消极情绪组成,共 14 个题目,报告在过去一周时间内所体验到的情绪,记分均采用 Liket7 点量表记分。在本研究中本量表的 Alpha 系数为 0.88,分量表的 Alpha 系数也分别为 0.68~0.84。该量表的内部一致性信度为 0.78~0.91,总量表和各分量表的间隔 1 个月的稳定性信度为 0.83~0.89。

[①] 石国兴、杨海荣:《中学生主观幸福感相关因素分析》,载《中国心理卫生杂志》,2006(4)。

(三) 统计方法本研究采用 Spss 17.0 统计软件对数据进行统计处理

二、结果

(一) 农村留守初中生生活满意度和主观幸福感的整体状况

表 1　农村留守初中生生活满意度和主观幸福感的整体状况统计表

维度	N	Mean	SD	Mini	Max	得分率
友谊满意度	272	39.49	6.25	24.00	52.00	70.52%
家庭满意度	272	37.96	7.12	18.00	49.00	77.48%
学业满意度	272	21.66	5.71	11.00	39.00	51.46%
学校满意度	272	24.32	6.76	7.00	39.00	57.90%
自由满意度	272	22.90	4.95	11.00	35.00	65.44%
环境满意度	272	20.48	4.49	10.00	33.00	58.51%
总体生活满意度	272	27.80	3.49	20.67	40.17	66.20%
正性情感		3.70	1.05	1.50	6.17	61.70%
负性情感		2.75	0.82	1.50	5.00	34.4%

根据表 1 的数据，可初步得出如下结论：

第一，在生活满意度各维度中，农村留守初中生对家庭和友谊的满意度较高，其得分率为 70%~78%，属于中等偏上水平；其他各维度略高于中等水平，其中学业满意度最低，只有 51.46%。从快乐感两个维度来看，农村留守初中生体验到较少的负性情感，而且他们体验到正性情感的频率远远高于体验到负性情感的频率。

第二，总体而言，安庆地区农村留守初中生对自己的生活状况基本上是满意的，体验到较少的负性情感，拥有温馨美满的家庭和良好的友谊。

(二) 农村留守初中生生活满意度和主观幸福感在背景变量上的差异分析

1. 在性别变量上的差异分析

农村留守初中生在友谊、学业、环境维度方面不存在性别差异，但在家庭满意度（$t=-2.436, p<0.016$）、学校满意度（$t=-1.992, p<0.048$）、自由满意度（$t=-2.943, p<0.004$）和总体生活满意度（$t=-3.216, p<0.002$）上存在显著的性别差异。在快乐感量表上，男生和女生所体验到的正性情感不存在显著差异，但男、女生所体验到的负性情感（$t=2.314, p<0.022$）存在显著差异。

2. 在是否是班干上的差异分析

班干学生和非班干学生在友谊满意度（$t=-2.317, p<0.022$）和家庭满意度（$t=-2.433, p<0.016$）上存在差异，而在学业满意度、学校满意度、自由满意度、环境满意度、总体满意度、正性情感和负性情感上不存在差异。

3. 在年级变量上的差异分析

农村留守初中生在学业满意度（$F=7.095, p<0.001$）、学校满意度（$F=4.188, p<0.017$）、正性情感（$F=10.423, p<0.0001$）和负性情感（$F=5.536, p<0.005$）上存在显著的年级差异，在其他维度上则不存在年级上的差异。进一步的事后分析表明：在学业满意度上，初一年级和初三年级之间不存在差异，而初二年级和初一、初三年级之间存在差异；在学校满意度上，只有初一年级和初二年级存在差异，其他年级间不存在差异；在负性情感上，初一年级和初三年级间不存在差异，其他年级间存在差异；在正性情感上，3个年级间均存在差异。

4. 在家庭经济状况上的差异分析

农村留守初中生的正性情感（$F=3.74, P<0.026$）在家庭经济状况上存在差异，进一步的事后分析表明：家庭经济状况良好的学生体验到的正性情感显著高于家庭经济状况较差的学生。

三、讨论

农村留守初中女生的家庭满意度和总体生活满意度高于农村留守初中男生，这可归因于农村留守初中阶段的女生较男生更加愿意承担家庭事务，从而能经常得到大人的称赞，获得较强的家庭归属感。在初中阶段，女生的学业成绩一般比男生好，而且她们中有很多担任班干部，经常得到老师们的表扬,因而她们的学校满意度一般高于男生。

在学业满意度上,初二学生的学业满意度最低,主要是因为初二年级的学业课程相对于初一年级突然增多而且难度加大,学生一时难以适应,而后来慢慢适应,到初三时已基本适应,因而其学业满意度到初三时相对于初二阶段有所上升。在学校满意度上,初二年级学生的学校满意度最高,并且和初一年级相比有差异,这主要是因为与初一年级学生相比,他们对学校的陌生感消失,对校园的熟悉感逐渐增强。在负性情感上,初二年级学生所体验到的负性情感最低,并且与初一和初三学生比较有差异,这主要是因为初二年级学生已学会适当表达自己的不良情绪,而且他们还没有中考的压力。在正性情感上,3个年级均呈现差异,初三年级的正性情感最高,初二年级的正性情感最低,这主要是因为初三阶段学生面临中考,所以家长一般都会给孩子更多的关爱和体贴。

总之,农村留守初中生在友谊满意度、环境满意度、学业满意度和正性情感上不存在性别差异,而在家庭满意度、学校满意度、自由满意度和整体生活满意度上存在性别差异,女生在上述维度上的得分显著高于男生;在负性情感上也存在性别差异,男生的得分显著高于女生。由此可以看出,女生的总体生活满意度和主观幸福感高于男生。在友谊满意度、自由满意度、家庭满意度和整体生活满意度上不存在年级差异,但在学业满意度、学校满意度、负性情感和正性情感上则存在年级差异,其中初二是一个特殊的阶段。因此,在今后的教育过程中,不论是初中教师还是学生家长都应该多关注男生,应该给男生尤其是初二阶段的男生更多的关爱和支持,提高他们的生活满意度,降低他们的负性情感。另外,家长和老师在对农村留守初中阶段的学生进行心理健康教育时,应根据学生的年级阶段特征实施有针对性的教育。

[励骅,铜陵学院学生处副处长,教授;曹杏田,桐城师范高等专科学校教师;姚恺帆,桐城师范高等专科学校教师。]

XUEXIAO GUANLI CHUANGXIN

学校管理创新

文化视野下的中小学校管理变革

吴秋芬

【摘　要】促进经济和社会(包括文化)的共同发展是近年来人们普遍关注的问题。中小学作为社会文化的重要传承机构,更需要注重文化立校,走内涵式发展道路。文化管理是继科学管理模式之后的一种新型的、更高级的管理形态,是驱动学校持续、能动发展的动力。抓好学校精神文化的培育、制度文化的构建、行为文化的养成和物质文化建设是促使学校管理焕发出文化活力的必由之路。

【关键词】中小学内涵发展;学校管理;文化管理

30余年的改革开放使中国的经济发展上升到一个新的历史阶段。相对于经济的快速发展,我国的社会发展(包括文化发展)则相对滞后。2010年,中国共产党第十七届中央委员会第五次全体会议通过的《中共中央关于制定国民经济和社会发展第十二个五年规划的建议》指出,"文化是一个民族的精神和灵魂,是国家发展和民族振兴的强大力量",要"推动文化大发展大繁荣,提升国家文化软实力"。学校作为社会的重要组成部分,更需要促进文化的进一步发展。

一、文化与学校文化的内涵

学校文化的上位概念是文化,按照下定义的属加种差原理,探讨学校文化,首先必须了解文化的涵义。

什么是文化?"这是一个十分时髦的词,它在不断地产生新词,产生奇特意群和乍一看令人难以理解的组词。"[①]目前关于文化的定义已有几千种,不同的国家、不同的学科、不同的地区、不同的人有不同的说法,同时也会随着人类自身对文化认识和应用的深入,又出现新的文化内涵。但迄今为止人们并未达成共识,分歧却愈益明彰,文化几乎成为钱锺书先生所说的"不说我还清楚,你越说我越糊涂"的那类概念。

人类学之父——英国的爱德华·泰勒在《原始文化》(1871年)中提出的文化定义得到广泛认同。他认为:"所谓文化或文明乃是包括知识、信仰、艺术、道德、法律、习惯以及其他人类作为社会的成员而获得的种种能力、习性在内的一种复合的整体。"泰勒的定义是经典性的,影响了当时和后来许多学者,尽管有人从不同的角度、以不同的方法对文化做出不同的定义,但是大多数文化定义都没有超出泰勒把文化看作一个"复合的整体"的基本概念。泰勒定义的贡献在于他消解了文化定义的精英性,强调了文化的"习得性""整体性"特质。之后,"文化"概念又获得了"价值性""生活方式""符号象征""文化战略"等若干特质。

我国著名教育专家顾明远先生认为,学校文化"就是学校内有关教学及其他一切活动的价值观念及行为形态",这个定义强调了学校文化的价值性和行为性,笔者赞同这一观点。

对于学校文化,人们从不同的角度对它进行了分类。依据学校的主体的不同,可以将学校文化分成教师文化、学生文化和行政人员文化;根据学校文化是否能被人感知,可以将它分为显性文化与隐性文化;根据学校活动的空间差异,可以将它分为办公室文化、教室文化、实验室文化、运动场文化、餐厅

---

① [法国]维克多·埃尔著,康新文、晓文译:《文化概念》,上海人民出版社,1988。

文化、宿舍文化等；根据比较一般的文化分析方法，可以将它分为物质文化、制度文化、观念文化；按照由内到外、由深层到表层的变化过程，又可以将它分为精神文化、制度文化、行为文化、物质文化等。本文在对学校文化进行阐述时采用的是最后一种分法。

二、学校文化管理

学校管理正经历着从经验管理模式、科学管理模式向文化管理模式的转型。所谓"经验管理模式"是指凭借管理者的经验来进行管理的一种方式，其历史比较悠久，是在长期的管理实践中逐渐发展起来的。比经验管理模式进步的是科学管理模式，这种模式与泰勒的传统管理理论有很大关系。泰勒主张通过科学研究提高劳动效率，在泰勒创立科学管理理论后，其理论也被从企业移植到学校。学校科学管理是建立在数理逻辑分析基础上、注重量化和标准化、强调技术层面操作的一种管理形态，强调依赖定量分析，用数字来说明问题。但这种方法难以对人的情感、态度、价值观等非理性因素进行分析，是一种比较适用于工厂的模式，结果导致学校管理中产生"物本主义""事本主义"和"管理主义"倾向，也因此受到人们的批评。在对科学管理进行反思和批判的过程中，学校文化管理逐渐引起人们的重视。学校文化管理就是对学校成员的共同价值判断和价值取向的管理，包括对学校精神文化、制度文化、行为文化、物质文化的管理，是一种新型的更高级的管理形态，它不是对传统管理模式简单的否定和替代，而是对传统学校管理模式的整合和超越。

尽管沃乐早在1932年就在《教育社会学》一书中提出了"学校文化"概念，并从文化学角度进行了分析，但是学校文化真正进入人们的视野却与组织文化有着不解之缘。20世纪80年代，随着日本企业的崛起，人们注意到文化差异对企业管理的影响，由此掀起了一股从文化角度思考经济组织活动的热潮。同为社会组织的学校从中受到启发：到底是什么东西在推动着学校的发展？到底什么东西才是学校发展的"根"？罗森霍尔兹、富兰等在关于学校改革的研究中发现，是作为规范的学校文化促进了学校的改进。富兰总结诸多失败的教育改革考察的教训，认为这些自上而下的教育改革失败的根本原因是在教育改革过程中"没有找准正确的事情——课程和教学的文化核心"。人们认识到,作为"人—人"系统的学校与"人—物"系统的企业有着本质的不同,学校不能将企业管理模式简单地移植到学校,学校管理者需要思考从另一个角度思考管理学校问题。学校文化管理问题引起了人们的重视,由此开始了文化管理的历程。

三、让学校管理焕发文化的活力

改革开放以来,学校的物质条件得到极大的改善,但物质条件的改善并不代表教育中的一切问题都迎刃而解了。我们认为,学校的发展需要更多探求其文化内涵,更多探求学校活动所承载的文化意蕴,而不仅仅侧重于学校的物质建设等。

英国罗伯·高菲和盖瑞士琼斯对学校文化有一个非常形象的比喻:"建筑物建立起来之后,你看不到它的柱子、横梁与钢筋,但是少了它们,建筑物将会倒塌。文化对于学校教育质量来说也是这样。"保持和激发学校活力要求现代学校管理必须关注学校文化问题。我们认为,文化立校是学校内涵式发展的必由之路。

1. 学校精神文化的培育

学校的精神文化是学校文化的深层表现形式,是指学校在长期的教育实践过程中,受一定的社会文化背景、意识形态影响而形成的为其全部师生员工所认同和遵循的精神成果与文化观念,表现为学校风气、学校传统以及学校教职员工的思维方式等,是学校整体精神面貌的集中体现。学校精神文化的培育是学校文化管理的重要组成部分,具体说来,包括学校价值观的确立、办学理念的形成和学校形象的塑造。

(1)学校价值观的确立。有学者认为价值观的确立是学校文化的核心。[①] 学校价值观是"有关学校核心价值或基础价值的一整套看法或观念"。学校文化,从观念文化、制度文化到行为文化、物质文化,从教师文化到学生

---

① 石中英:《学校文化的建设:价值观建设》,载《教育科学研究》,2005(8)。

文化,包罗万象,纷繁复杂,但它有一个核心就是学校价值观。理解学校的价值观是理解学校文化的一把钥匙。学校文化管理,首要的就是价值观的反思和构建。

如果学校和领导者的价值观出了问题,学校的发展就会十分困难。如果一位校长没有正确的价值观,仅仅把学校当作学生升学的组织,那么整个学校的工作,就必然仅仅围绕着升学或就业来组织:凡是对升学有利的事情就去做,凡是对升学不利的就不去做,所以才会连学生的座位都分成三六九等;这样的学校往往将塑胶胶跑道用铁丝网拉上,不轻易让学生使用;这样的校长就会放弃其根本的职责而成为"应试教育"的支柱力量。曾经听一位母亲说,她孩子就读的学校从高一就开始分科,并取消了所有高考不考的科目的教学。如果一位教师没有正确的价值观,就会对学生说出"上了大学你们人生的好时光才真正开始,想干吗就干吗"的雷人话语。

(2)办学理念的形成。学校的办学理念是学校在长期的教育实践过程中,为谋求发展而精心培育并与学校个性相结合而形成的一种学校主导意识,是一所学校最根本、最高的思想。每个学校都有各具特色的办学理念,它通常被用间接而富有哲理的语言形式概括,并常常以校歌、校训、校徽等形式表达出来。例如清华大学的校训是"自强不息,厚德载物",它要求学生不仅要有"自强"的精神,而且要有"厚德"的品格,为清华培养出大批杰出英才奠定了理念基础。学校办学理念告诉教师为什么教育学生、如何做教育,告诉学生为什么学习、如何学习。这些问题解决了,就不会出现屡禁不止的教师不道德行为,就不会出现如教师对学生说出"我不能打你们,也不能骂你们,但我能鄙视你们"的违背师德话语的事情。当年,周恩来就是在南开学校倡导的"热爱国家、服务社会的奉献精神"的熏陶下,才发出了"为中华之崛起而读书"的豪言。

(3)学校形象的塑造。学校形象是学校精神的外化、物化形式,包括校风和校貌。但在现实生活中,人们往往对学校形象建设的重要性认识不足,学校形象资源被忽视、被任意挪用的情况比比皆是。20世纪末,媒体曾报道同济大学做过一次小型调查,仅在上海的杨浦区,以"同济"为名的公司、企业和社会组织就有200多家,所涉及的行业颇为齐全,既有建筑设计单位,也有百货公司、理发铺、饮食摊等。美国社会学家乌格朋提出"文化滞后"概念来解释文化传播中不同类型的文化发生变革的难易程度。他认为,"技术的传播一般总先于价值观念、规范等的传播"。① 换言之,即技术层面的文化(如物质文化)要比其他层面的文化容易传播。学校改革中物质层面的文化最容易发生变革,而精神层面的变革最难,因为它涉及整个学校文化的核心和精髓。因此,学校精神文化的培育不是一蹴而就的,而是一个长期、艰难的过程。

2. 学校制度文化的构建

学校制度文化是人们长期以来形成的对制度的价值判断和对待制度的方式,是学校文化的重要标识和学校文化建设的有力抓手。很多学校能形成优良文化传统,得益于其独特的制度设计。例如,民国初年,南开学校就形成了一套完整的校规校纪,各项规章制度明确具体,详细规定了学生该做什么,不该做什么。南开的学生大多家庭比较富裕,学生花费很大。为了使学生养成节俭的习惯,学校实行开支记账制度。该制度从新生一入学就实行,学校会计到每个宿舍教学生们记账的方法,并且以后每个月都到各学生宿舍核对每人的账本。到学期末,学生把一个学期的花费结算好,填入一张表格,学校连同学生期末考试成绩单一起寄给学生家长。这种制度对帮助从外地来津的少年学生学会自己管理生活起到很大的作用。英国伊顿公学的"大房子制度"规定,学生一进校门,每50位同学就和一位德高望重、被称为"宿舍长"的教师全家生活在一起,组成新的大家庭,共同学习和生活。这样,师生之间和学生之间的交往和交流十分密切,容易形成强烈的团队意识和深厚的情谊。

一所学校有完整的规章制度并不等于它就形成了制度文化。人们经常看到这样一种现象,有的学校制度很多,但工作中大家各自依照自己的方式行动,这种现象表明该校的制度并没有成为一种文化。如为了应付学校规定的听课任务和教案检查,许多教师照别人的备课本填写听课笔记或者从教学参考书上抄教案。因此,当学校管理制度需要通过强制的方法执行时,这种

---

① 郑金洲:《教育文化学》,北京:人民教育出版社,2000。

制度只是一种"外在的文化",而只有当这种"外在文化"被学校成员内化和认同时,才能成为一种"内在文化",进而对学校产生积极和深远的影响,才能使学校成为制度共享、利益共享、风险公担、共同进步的大家庭。但是目前的学校制度文化建设也存在着诸多误区,如将学校制度文化建设等同于学校制度建设,导致制度文化功能的缺失;对学校制度文化价值取向理解片面,导致制度文化价值的弥散;对学校制度文化的创新力不足,导致制度文化生命张力的消解等。[1] 有学者认为,学校制度文化的建设始于制度的变革,形成于学校师生对学校制度的认同,体现于他们对学校制度文化内涵的挖掘和意义的建构。[2] 学校管理者如何着力于学校制度文化的构建而不是仅满足于制定规章制度,是一个比较迫切的问题。

3. 学校行为文化的养成

学校行为文化就是指学校教职员工在教育实践过程中产生的活动文化,是学校作风、精神面貌、人际关系的动态体现,也是学校精神、学校价值观的折射,是学校文化的外化形式,包括学校的管理行为、教师行为和学生行为等。在行为文化形成的过程中,活动是载体、良好行为习惯的养成是目标、学生主体参与是主要形式。台湾著名教育家高震东先生创办的忠信高级工商学校从20世纪90年代起就接连设计了"新青年主张"活动、"新校园概念"活动、"新一代美展"活动、"新青年运动家"活动、"1/2橙子风铃季"活动等5个经常性活动和"孔子节""元宵情人节""亲恩节"3个年度节日,旨在使学生成长为健康、快乐和有品位的人。2010年元月,在安徽省高中校长考察团参访忠信高级工商学校时,全校的老师们在凛冽的寒风中精神抖擞地挺立在道路两旁迎候,近5000名学生3分钟内齐集于操场上,而在来宾发表演讲时全场鸦雀无声并声音洪亮地向来宾问好,都给考察团人员留下深刻印象。一所学校师生的言行举止、精神状态能直接反映该校的文化。学校行为文化需要在学校精神文化的引领和制度文化的规范下,经过很长时间的积累方能形成,

---

[1] 史根林:《学校制度文化的现时缺失与建设取向》,载《中国教育学刊》,2007(11)。
[2] 张军凤、张武升:《基于师生本位的学校制度文化建设》,载《中国教育学刊》,2011(5)。

是学校文化的最终体现。无论一所学校理念多么先进、制度多么健全,如果不能体现在学校师生员工的行为中,一切都是枉然。

4. 学校物质文化的建设

学校物质文化是指为了满足师生教育教学需要所创造的物质产品,包括学校教育教学设备、建筑、文化设施等。走进一所学校,目力所及之处体现的都是文化。优美的物质环境可以陶冶学生的性情,促使他们形成良好的品格。如在重庆南开中学,端庄的"范孙楼"、肃穆的"芝琴馆"、雍容的"午晴堂"、幽雅的"忠恕图书馆"、广阔的体育场、美丽的"莫愁湖"等会给人留下深刻印象;校训"允公允能、日新月异"8个大字,从左到右足足排列了约100米,潜移默化地影响学生。文化味很浓的学校环境可以让学生随时随地感受到文化的存在,耳濡目染、不知不觉地接受学校文化的熏陶。学校的物质文化建设也要防止庸俗化、短期化和浅薄化,有些学校换一个校长换一个思路,换一班人马换一种面貌,每个人都千方百计搞自己的"形象工程",只求短期效益而失去了物质文化的应有之意。

十年看制度,百年看文化。作为传承文化的重要场所,学校文化的状况会直接影响学校的可持续发展。现代学校正在步入一个新的历史时期,如何促进学校文化管理,让学校管理焕发出文化的活力,是学校面临的一个重要问题。"物有本末,事由终始,知所先后,则近道矣",学校文化管理是一个值得教育者用心用力去做的事。

[吴秋芬,国家督学,合肥师范学院教师教育学院院长,教授。]

关于校本研究机制的思考*

——对校本研究的个案分析

唐 洁

【摘 要】 如果说学习型社会是通过教育而实现的一种理想,那么学习型学校就是通过教师主动学习、积极反思而实现的一种理想。在通过校本研究实现这个理想的道路上,我们不仅要强调以制度化的方式保障教师反思与改进,更要在机制上保证学校和教师的主体性。校本研究应将校本的3个基本内涵与学校的实践结合起来,寻求个性与共性相结合的"校本化"研究机制。

【关键词】 以校为本;校本研究;研究机制;学习型组织

一、问题的提出

从2001年开始实施的基础教育课程改革已经推行了十几年,在全面回顾与反思课改的进程与问题的同时,有必要全面反思一下伴随着课程改革而产生的中小学校本研究。

---

* 安徽省教育厅人文社科项目"教师制度伦理与教师专业伦理构建研究"(2009SK256)。

作为促进教师专业发展的有效途径,校本研究为广大中小学教师的发展搭建了有益的平台,以校为本的教研制度建设的推进,也在一定程度上给学校的教育教学注入了活力,提高了教师解决问题的能力和教学研究水平。值得注意的是,逐步深化的校本研究也出现了一些非常态的现象,在学校组织与上级要求下,相当多的校本研究活动呈现出学校"热"教师"冷"、上级"查"下级"应"的盲目跟风状况。有些学校的校本研究是为迎合"潮流",教师集体的"无意识跟风";有些学校走过场,追求教研活动数量的形式化;有些学校仍然满足于套用模仿,陷入趋同化怪圈;有些学校过度关注教师课题与成果的取得,致使教研活动走向"去教学化"。应该说,这种注重形式胜于对实际教育教学问题的解决、追求轰动效应而忽略教师主体地位的非本质现象普遍存在。究其原因,是在上行下效的规模化活动中,研究主体的主体性并没有得到真正的重视。相反,在越来越多的形式化教研活动中,学校及教师的主体性渐渐被湮没。要使校本研究真正内化为教师的职责和自觉行为,通过自组织过程形成校本文化,还有许多问题需要解决。

二、研究过程及研究方法

校本研究即以校为本的教育研究,是指以学校、教师和学生为本的,以学校自身条件为基础,以学校教育者(主要是教师)为研究主体,为解决学校教育教学实际问题、改进教学实践、促进学校发展为目的而进行的有计划的研究活动。与"校本研究"相近的概念有"校本科研""校本教研"和"校本研修"。

从有关文献表述来看,"校本科研"与"校本研究"基本属同义语。校本科研是以校本发展过程中所遇到的各种具体问题为研究对象,以教师为研究主体,以行动研究为主要方式,以校本发展为根本目的所开展的教育研究。校本科研可以针对学校教育教学工作中的各种问题展开,如校本教学研究、校本管理研究、校本德育研究、校本文化研究、校本学生活动研究、校本教师培训研究等。[①] 校本教研则是指以学校教育者(主要是教师)为研究主体,以学

---

① 李明汉:《教师校本科研与教育叙事研究》,载《中国教育学刊》,2003(12)。

校教学活动中的实际问题为研究对象,以促进学校发展为目的,将研究成果运用于学校教学实践中的教学研究活动。可以认定,校本教研是校本研究和校本科研的部分内容,也是主要内容。① 校本研究(含校本教研)的根本特征在于校本性,即研究的问题产生于学校内部,研究的主体是学校教师,研究的过程与学校实际工作结合,研究的目的在于解决学校的实际问题,探索办学规律,促进学校发展。

目前,校本研究的重要意义得到了教育理论界和中小学校的一致认同,学者们甚至构想了校本研究的理想模式。但是,"应然"不等于"实然",校本教研的主体即教师的教研素质不容乐观,开展校本教研的制度、经费、时间、设施等外部保障机制也尚待改进。依赖校本教研来实现教育理论研究回归教育教学实践的美好愿望实现起来困难重重。不少中小学校,特别是"一般"或"薄弱"学校,在"人人有课题,校校搞研究"校本研究模式中举步维艰。中小学教师对校本教研中遇到的种种问题感到困惑,如研究课题怎样体现"基于学校""在学校中"？教师的"个别化"问题与学校、区域教育的"公共性"问题是怎样的关系？怎样真正在校本研究中改变教师惯常的工作方式,促使其反思自身的教育行为、自觉地改进教学实践？诸如此类。我们是否也应该关注校本研究的实践,采用实践反思的方法研究校本研究？

本文试图采用观察法和个案分析法,通过考察一所公办小学历经 3 年完成一个"高端"课题研究的"艰苦"过程,对中小学的校本研究做一个粗略的分析。为尽量保证研究样本的普遍性和典型性,笔者选择了一个中等城市的一所教学资源一般、在课题研究期间正处于发展与上升态势的小学作为研究对象,本文把它称作 A 小学。

A 小学是当地一个著名的市政安居工程的居民小区的配套学校,学校的第一批管理者和教师都是由主管的教育行政机构从其他学校调配来的。此外,教育行政主管部门撤销了附近的另外两所公立小学。这两所公立小学的大部分教师并入 A 小学。因此,A 小学的组织架构及学校文化缺少延续性。

---

① 彭钢：《校本研究：基本规范与价值取向》,载《教育研究》,2004(7)。

A小学的C校长是从另一所小学调来的。上任伊始,她面对的就是基础教育飞速发展的形势和学校间竞争日益激烈的局面,最让她感到焦虑的问题之一就是怎样使一个新建的、人员复杂的学校迅速发展起来。除了建章立制加强规范性管理之外,C校长考虑得最多的是怎样增强学校的凝聚力、提高教师的素质。

　　仅仅用了四五年的时间,A小学已经成为所在市区远近闻名的"好学校"。不仅家长们将其作为孩子接受较好教育的择校目标,而且在教育行政部门组织的各项竞赛、评比中,A小学也频频获奖,成为多次折桂的"金牌学校"。然而,C校长总觉得这样的发展是不够的,她试图以教研为突破口,促进教师素质的提高,促进学校的持续发展。学校开始千方百计、接二连三地申请各类课题。

　　A小学向上级教育行政部门——区教育局申请到"教育部中小学教育技术研究中心"(华东区)的实验课题。该课题由3所学校共同承担。A小学作为承担者之一,接下了其中一个子课题,即"网络时代学生自主学习能力培养"。

　　在A小学的课题研究过程中,笔者作为其课题顾问,参与了这项课题研究,与课题组教师及非课题组的大多数教师进行过多次集体座谈与个别交流,几乎阅读了A小学教师撰写的所有关于课题研究的教学设计、课例分析、教研论文,并采用直接和间接的方式进行了近20次课堂观察。起初,学校聘请笔者做课题顾问,是打算让笔者给他们的课题研究提供理论支持,并帮助他们整理分析丰富而繁杂的研究资料,"上升到理论高度"(C校长语)。但是,笔者坚持以一个合作者的角色出现,有意无意地回避他们关于"理论提升"的要求,这样做,可以"逼迫"A小学的研究者们学习理解他们所谓高深的理论。因此,在本案例研究中,笔者以参与性观察者的身份几乎完全融入A小学的校本研究中,对A小学的研究者们认真努力的研究过程及其经受的困难与快乐感同身受。同时,作为旁观者及合作者,对他们在研究中表现出的智慧与经历的挫折也了然于心。笔者希望站在观察者的角度,尽量保持对这一案例分析的客观与真实,并就这一研究中呈现的问题进行探讨,以就教于同行。

三、校本课题应该是"原发于外"还是"自发于内"

不少学者认为,校本研究的特征之一就是研究的课题是学校教师自主发现的,来自于学校中的教师。学者们比较普遍地认为,在以往的研究中,学校研究的是"别人"的课题,而不是为学校自己的,"教师对这些问题既无真切的研究动机,也无十足的研究能力"。① 由于离开了学校本体,缺乏学校整体改革的全局观念或是忽略了学校的整体改革,所以容易出现为科研而科研的情况,使学校为了考评或上等级而盲目引进课题,课题引进后又忙于在短期内出成果,缺乏扎扎实实的研究,水分很大。与此不同的是,学者们认为:"校本教育科研是一种'本土化'的研究,其研究课题直接来源于学校自己的教育教学实践,来源于教师自己的直接经历和感受……因此,校本研究的问题带有很强的直接性和针对性。"②在校本教研中,研究的课题来源于教师自己发现的教学问题,这种"本土化"的课题是真实的、具体的,能够对学校教育质量的提高起到推动作用。

然而,从 A 小学开展教研的过程来看,在一个普通学校的校本教研中,学校和教师本身所面对的问题不一定就可以成为"本土化"的课题,"本土化"课题的产生也往往不是教师可以完成的。将课题的来源作为是不是校本研究的衡量标准,只是理论上的臆想,研究实践呈现的图景可能与我们的设想有很大差距。

教师产生教学研究的课题需要经过这样一个思维过程:先由日常性教学进入研究性教学,再将研究性教学中遇到的问题"课题化",即转化为教学研究的课题。这样一个看似简单的思维过程,对于长期埋头于日常教学而很少进行探究的中小学教师来说,很可能是复杂的、难以完成的。认定所有的中小学教师,至少是参加课题研究的教师都具有敏锐的"眼光"、强烈的问题意识,并能从繁杂的日常教育教学实践中抽取出"应该"并且"可以"研究的课

---

① 姜丽华:《校本教研:内涵、特征及其价值》,载《教育科学》,2004(6)。
② 杨朝晖、王云峰:《中小学应搞什么样的科研》,载《上海教育科研》,2003(5)。

题,是一种美好的遐想。

C校长日思夜想的就是怎样申请一个A小学"能做的"课题。她请笔者为他们学校确定一个课题。为了使选定的课题切合实际、"能做",笔者提议去A学校与教师们座谈。座谈时,笔者在向教师们讲解了"在教育研究中如何选题"之后,请老师们谈一谈"你认为在你的教育教学活动中有什么课题需要研究"。在笔者和C校长的一再鼓励下,仍没有一个教师发言,最后只好采用笔谈的方式。结果,老师们写下的问题涉及教育教学的方方面面,细致入微,但找不出大家共同感兴趣的课题。在难以取舍的情况下,C校长和笔者商量——实际上是笔者决定了一个课题上报到市教育局。会后,有的老师对我说,他们不知道有什么课题要研究,只是将自己感觉到的问题提出来,不知道能不能说是课题,因为他们从来没有研究过课题,不清楚问题和课题有什么关系。

四、校本研究应该是"共性"还是"个性"

校本研究与公众性的教研既不等同,也不对立,而是有着紧密的联系。公众性的教育研究更注意基础性,它研究和解决的往往是教育中普遍存在的问题和教育的普遍规律,更注重理论研究;而校本研究主要是在基本理论指导下的应用性研究,更关注实践体系。不可否认,校本研究应该具有鲜明的个性,恰恰是个性化的研究,使得它能够获得高层次的成果。

"从理论上讲,凡是经由上级主管部门确认的研究项目,都具有公众的性质,要承担公众责任,回答公众社会的教育所要解决的问题。这类问题当然也可能恰好就是学校自身的教育教学要解决的问题,但这种情况没有必然性。"[①]很明显,A小学的这项研究课题是从教育行政部门"分下来"的,原发于外,不是来自于学校及学校中的教师;课题研究的也不是学校内部的个别化问题,而是关于培养学生自主学习能力的共性问题。

但是,A小学的"怎样利用网络环境下的技术条件,改革教育教学模式,

---

① 郭思乐、高广方:《关于校本教育科学研究的思考》,载《教育科学研究》,2001(1)。

转变学生的学习方式,培养学生的自主学习能力"的"共性"课题却激发了参加课题研究的教师们的热情,在学校形成了研究的氛围,并取得了很好的结果。

那么,其原因何在呢?

接到课题之后,A小学的课题组结合本校实际,首先确定将语文、数学两科作为课题实验学科。在筛选了实验年级之后,课题组经过认真查阅文献、反复讨论,将研究的子课题确定为"网络环境下小学生语文自主阅读能力的培养"和"网络环境下小学数学生活化教学"。A小学从一个宏观的共性课题出发,确定实验班级、实验学科与子课题的过程,就是从"共性"中寻找"个性"的过程。正如刘良华教授所描述的,校本教研主要是研究教学之内的问题而不是让教师研究教学之外的问题;是研究自己的教室里发生的教学问题而不是别人的问题;教学问题就在日常教学的过程中由教师本人亲自解决,而不是让教师将自己的日常教学工作放到一边,到另外的地方去做研究。

五、校本研究应该是"自上而下"还是"自下而上"

关于学校的教学研究机制,有研究者将其分为"自上而下"与"自下而上"两种类型;[1]也有研究者认为,除了上述两种方式的研究机制之外,还应该有"自下而下"的第三种方式,第三种方式可以称为"自我更新"的方式。[2]

3年时间过去了,A小学的课题要结题了。此次结题,A小学的上级主管部门——区教育局按照总课题组的要求,采取了正规的专家评审会的方式进行,这是参与课题研究的3所学校没有经历过的。结题报告会那天,教育局特意从上海请来的两位总课题组的专家(教育局请来的专家组成员共7人,其他几人为当地各级教研人员)在听完3所学校的结题报告、看完的几十盒文字材料之后,对A小学的研究成果给予了较高的评价,认为A小学的课题做得相当规范,在本行政区承担同类课题的3所学校中当属第一。两位上

---

[1] 王真东、刘方:《校本教研制度建立的必要性及价值》,载《江西教育科研》,2004(3)。
[2] 姜丽华:《校本教研:内涵、特征及其价值》,载《教育科学》,2004(6)。

海专家在起草、宣读结题评语之前,向教育局的工作人员询问:在这3所学校中,哪所学校的基础好一些?哪所学校的教师队伍整体水平高一些?事实是,在这3所学校中,有两所小学、一所初中,A小学是建校时间最短、师资力量相对薄弱的。在3年的课题研究中,A小学发生了很大变化。

A小学的课题研究为我们展示了"自上而下"的推动效应与"自下而上"的自主机制是如何相互结合、促进的,印证了"强化以校为本的教学研究,并不是把现行的教研制度推倒重来,而是对现行教研制度加以调整和改进,使之从单一的自上而下的教研机制向自上而下与自下而上双向结合、优势互补、相互制约与促进的方向转变"。①

与此同时,A小学课题组的教师和一部分没有参加课题研究的年轻教师在校长的敦促和课题研究的感染下,迅速地成长起来。C校长在研究总结中,真切地表达了自己的体会:学校课题研究的最大收获,就是锻炼了一批主动参与、积极思考的骨干教师。A小学具体负责课题研究的S副校长,在课题研究之初,和课题组的其他教师一样面对着课题不知所措。研究结束后,S副校长已经能够撰写出"像样"的研究报告,而且能结合自己做课题的体会,给同行们开讲座,讲解如何进行课题研究。如今,S副校长调任另一所学校的校长,成为本区乃至全市在推进校本教研、构建学校文化方面小有建树的校长之一。

六、校本研究是为学校还是为教师

第一次去A小学与教师们进行面对面交流时,笔者发现A小学的教师都不爱"说话"。那一次我是接受C校长的邀请,给教师们说说怎样选择研究课题,确定一个学校将要研究的课题(前面已有叙述)。笔者原本不想越俎代庖,所以座谈时极力鼓励与会教师,让他们谈一谈对课题的想法,结果会上没有一个人发言,气氛很沉闷,甚至有些尴尬,笔者没有想到教师们会如此沉默。

---

① 吴刚平:《建立以校为本教学研究制度的基本思路》,载《教育发展研究》,2003(10)。

校本研究中的课题组应该是一个学习共同体,研究的过程应该是合作的过程。然而,教师工作具有非常强烈的独立性与个体性,大部分教师都习惯独自工作。因此,团队合作是建立和维持教师学习共同体的关键。

A小学的课题组成员经历了确定子课题时的"争吵",到后来的学习合作。在刚接到课题时,C校长和课题组所有的教师都感到很茫然:什么是网络时代?什么叫自主学习?网络时代与学生的自主学习是什么关系?这样"庞大"的问题怎么研究?他们真心希望笔者能给他们一个比较确切的答案。笔者给课题组的第一个任务是每个人都去寻找关于网络和学生自主学习的资料,包括笔者自己,然后集体讨论。经过半个多月、多次激烈的"争吵"之后,语文组和数学组分别确定了各自的子课题。

3年的研究历程,确实使得课题组的不少教师学会了查找资料、设计方案、制作课件、交流讨论、分析数据、撰写报告和论文。然而,遗憾的是,A小学课题组之外的不少教师很少关注课题研究,大家都"事不关己、高高挂起"。即使是在课题组这个团体中,教师个体之间的差异也很大,S副校长是很多研究事项的"任务主管",所以她比别人表现出了更加强烈的责任感和学习欲求。

通过"网络时代学生自主学习能力的培养"的研究,A小学的课题组开始学会"学习",学会交流与合作,这只是学校组织学习的初级阶段。在校本研究中,应该通过课题组的研究活动,促进学校学习机制的建立。

校本研究的主要表征不只是它的课题来自于哪里,也不应是研究出了什么结论,而应是研究过程是否体现了"校本性",是否能够充分发挥每个研究人员的创造性,努力形成一种弥漫于学校的学习气氛,使得个体价值得以体现,组织绩效得以大幅提高,"使学校成为校本知识的创造者,使学校管理有利于激发教师的创造性,使学校教育从简单的知识传授与技能培养转变到学生学会学习、学会创造,使学校成为社会的融合机制而不是社会排除机制",[①]最终促进学校的发展、教师的发展、学生的发展。当代的校本教学研

---

① 杜育红:《论学习型学校》,载《北京师范大学学报(哲学社会科学版)》,2004(2)。

究宜逐渐改变研究者、一线教师、行政单位(学校)各自为政,纯粹由教学研究人员引导、教师配合的方式,要多"协同探究",即多以"学习共同体"为研究单位,促进与提高"互补性贡献",抑制或消除"矛盾性期待",以共同目标和对研究成果的共同期待为基础,结合校行政领导、研究人员和一线教师三方的资源与经验,优势互补、协作共进,更好地发展既有理论基础与研究架构,又有实质教学成效的教学策略。①

  校本研究机制的建立与改善应该以推动以校为本的组织学习为核心,建立学习型组织。在通过校本研究实现构建学习型学校的理想道路上,我们不仅要强调以制度化的方式保障教师反思与改进,更要在机制上保证以学校和教师为研究主体,在教师个体知识增长的基础上促进学校组织公有知识的增长。首先,确立校本研究制度的层次目标。校本教研制度建设的推进可以分为"规范化——任务驱动;特色化——有效研究;常态化——融入工作"3个阶段,每个阶段都有明确的定位,使校本教研制度的推进具有一定的层次性和方向性。其次,激发教师的组织归属感,建立基于组织的教师学习文化。校本研究的标志和灵魂在于建立学习团体,让学校真正成为教师民主、开放的专业讨论领域。再次,促进教师学习行为的自组织。自组织中的教师心态开放、能敏锐地感受刺激信息、在学习中理解环境和自我、通过实践学习与改造获得平衡感。同时,应引导教师在自组织中超越环境、引导环境,享受自我实现的快乐。

[唐洁,合肥师范学院继续教育学院院长,副教授,硕士生导师。]

---

① [新加坡]陈之权、黄龙翔:《基于学习共同体的"校—研—教"华文校本协同研究》,载《现代远程教育研究》,2012(6)。

构建基于多样化发展的普通高中
教育质量保障体系
——以合肥一中为例
封安保

【摘 要】普通高中要实现多样化发展,教育质量保障体系的构建是关键。从合肥一中的教育实践看,构建基于多样化发展的教育质量保障体系,可以从构建课程体系、注重教师专业发展、强化学校精细管理等3个方面着手。

【关键词】课程体系;教师专业发展;精细管理;评价制度

提高教育教学质量是学校教学改革与创新的根本任务和最终目的。《国家中长期教育改革和发展规划纲要(2010—2020年)》在论述普通高中教育时明确提出:推动普通高中多样化发展。要推动普通高中多样化发展,就必须建构起基于自身特色的教育质量保障体系。"学校主导型的保障架构具有较强的自主性与主动性,它更强调学校对教育质量的自主管理与监控,属于一种教育活动内部的质量保障架构"。[①] 在多年的办学实践中,合肥一中着力于构建基于多样化发展的教育质量保障体系,为普通高中的多样化发展提供了一些可资借鉴的经验。

一、课程体系：教育质量保障的整体架构

作为安徽省高中新课程改革的样本校,合肥一中积极主动地抓住新课程改革契机。几年来,学校在课程体系建设与完善上做了大量艰苦细致的探索和实践工作,业已形成独具特色的课程体系。

(一) 必修课程：奠定学生全面发展的知识基础

在新课程实施的过程中,高中教育必须立足必修课程,以使学生普遍达到高中教育的基本要求为前提。在必修课程的设置方面,合肥一中坚持按新课程要求,全部足课时设置语言与文学等14个科目的课程。尤其是技术课程、体育与健康、艺术课程和科学领域中的实验课程等的开设,充分体现了合肥一中"全面施教、广育英才"的教育理念。

例如,高中通用技术课程作为课改后新开设的一门课程,可供借鉴的教学资源和经验较少,很多学校开设这门课仅仅是为了应付学业水平测试。这样做实际上不仅忽视了学科发展的本质要求,而且忽视了对学生创新意识与能力的培养。在通用技术课程建设上,合肥一中积极贯彻课程改革思想,把促进学生全面发展、提高学生技术素养、培养学生创新能力落在实处,与此同时,教师的专业化水平也得到提升。

(二) 实践课程：提升学生社会参与的活动能力

综合实践活动课程是我国新一轮基础教育课程的生长点,包含研究性学习、社区服务和社会实践3个部分,这是学生必须完成的必修课程。综合实践活动课程是一个独立的课程领域,在这门课程的设置上,合肥一中立足学校实际,积极引导学生参与研究性学习活动。学校根据新课程改革的要求,

---

① 祝新宇:《构建多元融合的区域基础教育质量保障机制》,载《教育发展研究》,2012(11)。

自主研发、编印《合肥一中综合实践活动档案》,主要包括自然环境、社会生活、历史文化、个人发展、跨学科综合等5个类别的社会性活动设计、科技项目设计等内容。

在社会实践课程设置中,采用的是学校引领与学生参与相结合的方式,学校提供并设计实践的主题,学生自主选择主题。选好主题后,学生在教师的指导下自主探究实践,在完成"实践考察—总结成果—展示评比"等一系列任务后才能获得相应的学分。如合肥一中在全市乃至全省最先开展的修学旅行社会实践活动,现在已经在全市推广并产生了一定反响。

(三)选修课程:满足学生发展的多样化要求

合肥一中在新课程改革过程中,非常注重选修课程的设置。首先,学校开设各学科模块选修课程。为了培养学生全面和终身的学习能力,践行"全面施教、广育英才"的教育理念,丰富学生的知识储备,开阔高中生的视野,学校拓展了必修课程的外延,将语文、数学、英语、政治、历史、地理、物理、化学、生物等科目的选修模块纳入日常课程教学中,而在这些选修模块中,大部分内容都不是高考的内容。

其次,学校还开设了反向选修课程。普通高中的学生为了应对高考,一般在高二学年开始进行文理分科的学习,合肥一中践行"全面施教、广育英才"的教育理念,为了尽可能减少文理分科给学生带来的文化知识不完整性的缺憾,满足学生全面发展的需求,特地设置了反向选修课程。理科班级的学生要选修政治、历史、地理学科模块,文科班级的学生要选修物理、化学、生物学科模块。同时,学校还设置了模块分项选修课程,供学生选择学习。

二、专业发展:教育质量保障的核心动力

教育质量问题的关键是教师质量问题,教师的发展决定着学校的发展。合肥一中教师队伍的现状是老中青结合,优秀青年教师、中年骨干教师、名师齐头并进共发展。根据学校实际,结合教师队伍现状,学校采取多种举措促使各个层次教师获得专业发展。

(一)青蓝工程:把青年教师培养成骨干教师

合肥一中自 2007 年搬迁至滨湖新区后,招聘了一大批 35 周岁以下的青年教师。在未来 10 年内,他们是合肥一中发展的主力军,他们的成长状况决定着学校未来的发展方向。所以,为了让他们快速成长,学校自 2007 年以来就实施了"青蓝工程",鼓励青年教师与老教师"结对子",由各学科教研组长确定"结对子"的教师,学校给导师颁发聘书,相关人员要填写相应表格,来确定结对的具体内容和步骤。广大青年教师在导师的精心指导下,一步一步走向成熟,独立胜任自己的教学工作。

同时,学校还鼓励教师之间相互听课,要求青年教师每学期听课必须达到 20 课时。学校鼓励教师跨学科听课,以促进学科间的融合和教师综合素养的提升。

(二)骨干工程:把骨干教师培养成名师

中年教师教育教学经验丰富,在教学工作方面取得了一定的成绩,也具有较强的工作能力和较高的教学水平,他们在教师梯队中处在承上启下的中坚位置。但是他们会习惯于按经验办事,自觉不自觉地拒绝接受新观念、新方法,在教育教学中形成思维定式。这些方面不同程度地制约着中年教师向更高层次发展。为帮助中年教师突破发展瓶颈,学校大力开展"骨干教师培养工程",多方鼓励、支持他们参与校内外的教研活动,进行课题研究活动;学校还聘请教授对骨干教师进行专业指导,促使他们提高综合能力。

(三)名师工程:把名师培养成名家

名师是学校的瑰宝,他们有丰富的教学经验,强烈的工作责任心,务实严谨的工作作风,无私坦荡的广阔胸襟。为了更好地传承名师的宝贵教育教学经验,学校设立了"名师工作室"。工作室由名师、中年骨干教师、优秀青年教师组成。他们以课题研究为突破口,以名师为核心进行合作学习与研究。通过与名师的面对面交流,广大中青年教师能近距离地感受名师的风采,学习名师的敬业精神和精湛的教学技巧,并根据自身特点寻找最佳的切入点,汲取名师教育教学的精华,向名师看齐、靠拢。

(四)搭建平台:提升教师的科研水平

教师沙龙、名师讲坛是学有专长的教师面对全体师生进行学术交流与经验报告的活动。在这样的活动中,一中教师展示了风采,青年教师、中年教师和名师之间加强了交流,碰撞出教育思想的火花,实现不同层次教师的共同发展。

随着社会的发展和教育改革的深化,结合学校教师队伍发展的实际情况,合肥一中在培养教师的专业化发展方面一直坚持"请进来、走出去"做法。在每次的校本教研过程中,学校都会邀请国内外知名教育专家到学校开展学术讲座,给教师带来最前沿的教育理念。著名教育专家钟启泉教授两次莅临我校,给全体教师做报告,为教师带来了先进的教育教学思想和最新的教育研究成果,不仅开阔了教师的视野,而且提高了教师的教研意识。同时,学校不定期地组织不同层次的教师走出校门,前往其他先进学校参观学习,博采众长,为我所用,有力地促进了教师的专业成长。

三、精细管理:教育质量保障的关键所在

合肥一中是一所寄宿制示范高中,因为是寄宿制,学生的生活、学习大部分都在校园内,这就对学校管理提出了很高的要求。

(一)构建安全防患预警体系

结合寄宿制学校的管理特点,学校建立防震减灾预案和紧急情况的快速处理机制,制定了校园治安综合治理目标管理责任书,加强对物业公司管理,开展预防火灾的消防演练和寝室违禁物品大检查,严肃处理违反安全规定的不良行为。

(二)构建师生立体化监管体系

"对教师的评价是对教师职业活动进行客观考评和价值判断的过程,旨

在促进教师的专业发展"。① 一是强化教学督导机制。由督导室负责,聘请兼职教学督导员,采用随堂听课、问卷调查、学生座谈的方式,对教师的教育教学实行多侧面、多环节、多形式的督导。二是强化教学反馈机制。以《教师教育教学情况学生调查问卷表》《班主任工作情况学生问卷调查表》为载体,多角度、多层面地进行教学测评,根据教师、班主任得分情况,结合实际工作,决定其下学期的聘用事宜。

关注学生也是落实立体化监管的重要方面。一是关注学生思想动态,尤其是关注学生考前考后的心理波动,要求教师尤其是班主任与成绩波动较大的学生进行一对一的谈话,帮他们分析问题、疏导心理、重树信心。二是关注学生习惯养成,尤其是高一新生,因为他们会遇到高中学习、生活的适应问题,这就要求班主任切实关注学生的生活习惯(生活自理能力、卫生习惯)、学习习惯(学习时间的安排、记笔记的习惯、错题的纠正),和家长、生活老师、任课教师一起纠正学生不良习惯。

(三)构建家校合作多维体系

构建家校联系的多维体系即有效的多渠道沟通方式、全方位的立体指导和教育文化的引领。多渠道的有效沟通,如家长开放周,家长在开放周内可以随时进班听课,观摩教育教学活动;还有家长监考制度,在期中或者期末考试时,家长还可以申请监考。实施这些措施不仅能让家长直观地了解学校教育的现状和孩子的在校表现,反观自己家庭教育的效果,还能从观摩学校的教育教学活动中得到启发,进一步完善自己的家庭教育。

有深度地参与班级管理,"家长参与分班""家长主题班会"是合肥一中家校联系的创意之举,有效地调动了家长参与孩子教育的主动性、积极性和创造性;有梯度的家长会,合肥一中除召开全年级的家长大会外,还召开形式多样的分层、分类、分班、分科家长会,因为每个孩子都是独特的,分层家长会就是针对不同个性的孩子,单个会面,个别交流,这样,家长会不仅重点突出、效

---

① 康淑敏、李保强:《互助协同发展:中学教师专业发展的有效途径》,载《教育研究》,2011(12)。

果明显,而且灵活机动、不拘一格,有力地促进了学生的成长;有力度的亲子活动,如"共同托起明天的太阳""感恩父母""沟通从心开始"等,拉近家长和教师,尤其是家长和孩子的距离,在活动中孩子们也都受到很好的熏陶;有温度的一封信,在每次重大的节假日之前,合肥一中都会把《给家长的一封信》发到每个家长的手中,信中综合通报近阶段孩子学习、生活、纪律等方面的情况,让家长对孩子的在学校情况有整体的了解,并提醒家长当下需要关注的问题;有广度的联系方式,为了保证家校之间的交流畅通,合肥一中采用了多种家校联系的方式,除了家访、电话寻访、家长QQ群、校讯通等常规形式之外,还创建了心理咨询接待室和德育工作坊、开通了班主任博客、规定了周三生活区探访等多种形式的交流沟通方式,让学校教育常态化、透明化,让家长多角度地了解学校、了解孩子。

总之,合肥一中凝心聚力采取了各种有效的方式,促进了教师队伍的优化,保障了学校的教育质量的持续提高,也赢得了社会各界的赞誉。当然,教育教学质量的提升,既需要学校自身的努力,也需要学校外部环境和制度的保障,只有多方协同、众志成城,才能形成教育合力,促进教育的可持续发展。

[封安保,安徽省合肥市第六中学校长,中学高级教师,合肥市学科带头人。]

集团化办学的实践与思考

靳 文

【摘　要】结合合肥市五十中集团化办学的成功经验,阐释集团化办学的管理模式。本文从满足社会发展需求、推动教育均衡化、适应名校发展需求、有利于资源共享、推动教师发展、彰显学校特色、发挥区域辐射作用等7个方面剖析集团化办学的积极意义,进一步思考集团化办学的规模、管理、"共性"与"个性"的协调、课程建设及动力机制等。

【关键词】集团化办学;均衡发展;学校特色

2014年伊始,合肥市教育局提出了义务教育"三大提升工程",其中针对"薄弱学校提升工程",特别提到"各县(市)区要采取名校办分校、名校托管、集团办学等方式,进一步推进名校与薄弱学校的发展联盟"。

一、集团化办学的背景及要求

集团化办学是地方政府为了适应社会经济社会的快速发展需要,为解决人民群众日益增长的教育需求,在现有优质教育资源稀缺、教育经费投入不足的前提下,由政府主导决策,政策推进实施,通过老牌名校输出品牌、文化、办学理念、管理制度、师资、教科研机制、考核评价办法等资源,采用多种形式,实现优质教育资源的优化配置,使新建学校、薄弱学校等迅速提升办学水平的办学模式。集团化办学是推进基础教育均衡发展的一种实现形式,其目的就是为了推进优质教育普及化、平民化发展,满足人民群众日益增长的教育需求。就名校而言,是在政府指令下尽一所名校对于教育公平的社会责任。

以合肥市五十中为例,面对集团办学的压力,摆在五十中面前的要求是:如何使集团化发展不流于肤浅的合作,真正引领一方教育发展;在要求优质师资不断输出的现实下,如何保持"母体校"的"造血"功能,防止因过度输出造成的教学质量滑坡;在五十中团队不断扩大、大量新进教师涌入的情况下,如何保证学校的优秀文化、优良传统不被"稀释";在促进教育均衡、能够满足更多民众对身边优质教育的需求的同时,如何为不同生源提供适宜的教育,如何针对不同生源,在课程和教材、教法和手段等诸多要素上进行系统的改革,让学生有选择地接受个性化的、适合自身需要的教育;集团化办学之后,各校区能否形成既有统一办学思想、统一学校文化,又有各自创造、各自特色,相互促进、相得益彰的局面,是集团化办学是否成功的重要标志,也是对名校的一个严峻考验。

针对以上问题,五十中在集团化办学之初就深刻剖析了学校几十年发展的成功经验和文化传统,深入谋划集团化办学的有效对策,逐步探索出一些行之有效的方法和经验来。

二、合肥五十中集团化办学管理模式

为了强化管理,整个教育集团是一个法人单位,实行统一的层级管理,具体来说,就是采取"四个统一"的管理模式,即:

(一)统一法人领导

为便于集团化办学的管理,蜀山区政府于2013年任命蜀山区教育局副局长为五十中校长,从教育局的层面强化指挥协调集团各校区的管理力度。每所学校并入之初,由本部派出管理层,本部的办学理念和管理思想迅速渗透，一体化的管理执行到位。目前，4个校区分别设立分管校长，成立4个党支部，由分管校长兼任党支部书记。各校区的行政领导班子由分管校长（支部书记）、副校长、支部副书记及各处室主任、副主任等组成，校委会由校长（党总支书记）、分管校长（支部书记）、副校长、支部副书记组成。本部每周组织召开一次管理例会，制定规则和纲领性文件，协调各校区工作。各校区每周也有一次管理例会，按本部例会精神传达指示，并结合本校区实际解决具体问题、细化实施方案。

学校各项政策、规定也在征集民意的基础上由校委会研究制定后统一执行，如教师绩效工资考核办法、优秀教研组评选办法、班主任考核办法、培训章程等。

（二）统一人事调配

每所学校并入之初，由本部派出各学科骨干教师到各分校承担教学任务，在教育教学各方面起引领示范作用。每学年开始前，根据教师意愿和学校整体布局安排，一定比例的教师在4个校区之间合理流动。财、物等经费的使用由本部统一管理。本部根据各校区申报情况，经校委会研究后统筹规划、统一支配，各学校硬件、软件资源共享，实现整体上提升办学水平的目的。

（三）统一计划实施

每学期开始由本部校委会统一制定学校教育教学、运动会艺术节等大型活动、师资培训、社团活动、教代会等各项计划，下发各校区统一实施。

（四）统一考核评价

根据各校区的计划实施情况，本部统一组织考核。如教师绩效考核，所有校区教师、干部按学校实施方案统一评价标准、统一奖励类型、统一奖励比例。在期中、期末考试方面，由本部教导处统一时间、统一制卷、统一评价标准、统一流水阅卷、统一试卷分析。

同时，五十中在多年的管理实践中逐步摸索出一套科学有效、富有特色、高效节能的管理模式，那就是年级管理和靠前管理。所谓"年级管理"就是每个年级的具体教学工作由一位校级领导和在年级任教的中层干部、年级组长负责,其他部门适当配合,如人员调配、课时安排、年级活动、期中期末考试的组织等,年级有一定的自主权,这样能减少中间环节,简政放权,减少内耗,运行通畅,增强效能。所谓"靠前管理"就是学校除总校长不带课外,其他从分校校长到中层干部都深入教学一线,带主课,上初三,既是指挥员,又是教练员,带着群众干,干给群众看,这样言传、身教并重,遇事反应灵敏,处理及时,干部和群众"战"在一起,"打"成一片,使得学校形成团结和谐、积极向上的良好氛围,也增强了学校管理的指挥力和教师的执行力。

三、集团化办学的意义

(一)满足社会发展需求

由于历史遗留问题、经济发展水平制约等原因,各校教育教学水平不均衡导致的重点学校、名牌学校、弱校强校的事实客观存在。进入新世纪以来,随着独生子女家庭越来越多,经济发展水平越来越高,对教育的关注和重视度越来越高,对追求社会公平、追求更加美好的生活、追求更多的发展机会等方面越来越关注。优质教育资源供不应求,"择校风"越演越烈,"上好学难"问题越来越突出,而单纯地通过行政手段的干预来抑制社会对优质教育资源的不合理需求,只能"治标",不能"治本"。因此,通过集团化办学,有效增加优质教育资源的供给,扩大优质教育资源的覆盖面,实现名校资源利用效益最大化,推动基础教育资源快速扩张,促进优质教育资源均衡化、普及化、平民化,在一定范围内、一定程度上改善了教育资源分布不均衡的状况。

(二)推动教育均衡化

从另一方面来说,随着城市化进程的加快和经济的迅速发展,一批高标准、高配置的新建学校迅速落成,然而缺乏社会认可度却使这些学校生源严重不足、资源浪费。在这种情况下,通过与具有悠久的历史积淀、丰硕的成果积累、深厚的文化浸染的名校"联姻",可使这些学校在高起点上迅速摆脱生存困境,扩大规模,借助品牌优势,缩短成熟时间,也能促进教育发展达到高位均衡,大大推动整个区教育的快速、均衡、和谐发展,而且这种均衡不是浅层次的硬件设施的均衡,而是深层次的软实力的均衡。在五十中集团化发展的 10 年间,学生数从原来的 2000 人发展到现在的近 9000 人,在一定范围内、一定程度上改善了教育资源分布不均衡的现状,使更多人享受到均衡教育的福利,使更多学生享有接受公平教育的权利,从而使教育这一社会服务向着机会均等的方向迈进。

(三)适应名校发展需求

名校发展到一定阶段,由于受到空间发展的阻碍和地理条件的制约,容易遭遇瓶颈:在相对狭小的圈子里没有更多的用武之地,学校先进的教育思想、办学理念不能更好地辐射,有思想、有能力的校长的价值没有得到更好的体现,能力没有得到更好的施展,水平没有得到更好的发挥。这时,若委以"集团化办学"的重任,无异于让校长找到了实施更多创新理念的"试验田",能让学校"更上一层楼",发挥更大的影响力。这种滚雪球式的发展也会让区域教育"柳暗花明",涌现更多名校。以五十中为例,通过名校办分校、把分校打造成更多的名校,吸纳、造就了更多的名师,学校获得了更多种类、更高级别的荣誉,名校的品牌价值更加厚重,进入良性发展阶段。

(四)有利于资源共享

资源共享的含义有两层:

1. 对校内而言

资源包括硬件设施、师资、生源、资金、政策等。由于众所周知的原因以及客观条件的制约,学校间难免存在竞争,各校难免有本位意识,导致一些好的管理经验、创新的思路方法、成熟的规章制度很难迅速地传播、共享。但是,作为集团化学校来说,因为有统一领导、统一考核评价,一荣俱荣、一损俱损,不强化各自利益,因而在集团内部,能够通过总校长的统筹规划,发挥辐射功能,实现资源的最佳效益。就各个分校区而言,也有了得天独厚的优势,能够迅速吸取其他校区的长处,促进自身的发展。这样,便实现了彼此取长补短,缩小校际差距,提升整体品质。如 2013 年暑期,五十中代表安徽省参加了中央电视台科教频道举办的全国首届《汉字听写大会》,

在确定参赛人选时,五十中从 4 个校区的 2500 多名八年级学生中进行了 5 轮筛选,最终选出了 5 位有实力的选手,并在比赛中一举 PK 掉了老牌名校——北京 101 中学进入复赛,安徽队因此声名大震。应该说这是很多学校没有的优势。

2. 对校外而言

五十中某一校区的荣誉就是整个学校的荣誉,可以一致对外进行宣传,共享"资源"。这无疑增加了学校的影响力,提升了学校的整体实力,形成其他学校无可抗衡的巨大影响力。比如就社团建设而言,东校区的民乐社团、模联社团、手球社、信息学社,西校区的机器人社团、科创社,南校区的足球社团,新校区的书法社团等,都各具特色,取得了国际及国家级别的不少荣誉,学校在宣传时集中起来一揽子对外,优势便是其他学校无可抗衡的。但实际上,就五十中各校区而言,各特色项目也并非样样有优势,这是不言而喻的。

(五)推动教师发展

对规模较小的普通校、薄弱校来说,由于年级人数少,平行班少甚至只有一两个班,以致一个年级一个学科只有一两个教师,很难开展正常的、丰富的教科研活动,教师的业务能力长时间停留在低水平,提高不快。对年轻老师来说,如果没有在走上教学岗位最初 3~5 年的快速发展甚至脱颖而出,以后的发展就十分有限了。而就名校而言,学校名师济济,他们业务精纯,各成一家,教学风格迥异,教学理念先进。调动这样的名师资源进行校本培训,既降低了成本,让教师不用奔波跋涉,学校不用重金礼聘;又因为相似的客观环境,相同的生长土壤,可以使教师有亲切感、依从感,易于接受,便于学习。在优秀教师的指引下、在优秀团队氛围的影响下,刚刚从业的年轻教师,只要勤奋肯学,有一定综合素质,业务能力的提高可以少走或不走弯路,甚至走捷径,大大缩短教师成长期、成熟期。相对来说,教师身在名校会比在薄弱学校更容易取得成绩。正所谓"名师成就名校,名校也造就名师"。

从另一方面来说,因为名校藏龙卧虎,汇聚了一大批优秀教师,一些颇有能力的中青年教师便会受到资历、名声、学校规模的限制,发展空间受限,而一些"功成名就"的老教师又多少面临着职业倦怠的困扰。集团化办学的诞生给了这些教师机遇和挑战,为他们提供了更大的发展舞台。老教师来到新校区不仅承担学科教学的引领任务,还承担相应的行政领导任务,有了更广阔的施展空间,能够发挥更大的作用。同时,母校内部也锻炼成长出一批新的管理者和骨干教师。

(六)彰显学校特色

由于声誉的不断提升,五十中进入发展良性循环,吸纳和荟萃了许多名师。这些教师各有所长、各有所专,同时,学校学区范围不断扩大,更多的优秀学生被吸引过来,因而学校有条件地针对学生和教师特长打造特色项目,逐步固化拓展为学校特色。目前学校的4种类型20余个社团都是在这样的背景下成立的,如理论学习型社团英语社、文学社、模联社、摄影社、美术社等;科技创新型社团天文社、生物社、观鸟组、信息学小组等;文娱竞技型社团天之韵合唱团、航模社、机器人社等;爱心公益型社团心语社、绿丝带、团队志愿者等。每个校区都有文化亮点,社团形式活泼多样,内容丰富多彩。社团在丰富学生校园生活,培养学生兴趣爱好,扩大学生求知领域,涵韵学生内心世界,培养学生实践能力,提升学生综合素质等方面意义重大,也彰显了学校特色。近年来,学校社团特色发展取得一系列国家级、省市区荣誉称号。

(七)起到区域辐射作用

五十中集团除4个校区之外,还有4个分校,它们都是合肥市城市化建设进程中新建的大型住宅小区的配套学校,硬件设施一流,校舍美观高雅。建校伊始,教育主管部门就借助五十中的品牌优势,进行品牌移植,抽调五十中的中层或校级领导到相应学校任校长,在招生宣传等方面借力五十中,希望在硬件设施高起点的同时能够在办学理念、校园文化建设、生源规模方面同样高品位、高起点。虽然这4个学校和五十中不是紧密的教育集团而是松散型的教育联盟,但是在教育教学等方面五十中还是给予了大力支持,如经常开展校际间的研讨活动,进行试卷共享,给予师资支持。相对于其他学校,这些分校从发展速度、规模、水平等指标来看,都优于合肥市同类学校。

四、集团化办学的思考与建议

集团化发展在客观上促进了母体名校的发展,但也带来一些问题,引发我们的思考:

(一)集团化办学的规模问题

多项资料表明,大多数学者认为,集团化办学的规模应该在一所母体学校带一至两所子体学校的情况,也就是两到三所学校结盟比较合理。集团化办学是"大手拉小手"的模式,一个名校集团不宜也不可能无限制地接纳新成员。当扶持、引领、渗透到一定程度时,分校有了相当的规模和自主办学的能力,"小手"已不"小",就应该成熟一个,独立一个,像兰草"分株"一样,让分校分离、独立出去。这样有利于分校更好地"生长",更有利于形成个性化的学校文化,而不至于因为"空间的拥挤,养料的不足"限制了分校的发展,不至于"千校一面"。从另一个方面来说,也不会因名校在集团化办学中无限制地扩大,集中了最好的硬件和软件环境,吸引了更多的名师和优质生源,获取并占有了更多的资源,使其他学校边缘化,从而成为一场教育领域中的新"圈地运动",造成新的教育基础资源配置的不均衡,进而引发教育资源新一轮的不平等,让其他学校产生不必要的担忧。

(二)集团化管理的问题

管理学上有一个艾奇布恩定理,这个定理是英国导演亚伦·艾奇布恩提出的。艾奇布恩定理认为,如果你遇见员工而不认得,或忘了他的名字,那你的公司就太大了点。摊子一旦铺得过大,你就很难把它照顾周全,无法做到精细化管理。而有时细节决定成败,如同蝴蝶效应,必须引起重视。

在集团化办学的现实情况中,一个集团包括多个校区,不但在空间布局上存在距离问题,在行政层级上也存在并列多元和层级过多的情况,这种体制现状增加了集团的管理难度。信息不畅将会导致管理的粗线条以及效能低下,会增加内耗,制约管理效益提升。为此,集团化办学必须缩小管理模块,减少管理层级,改变管理重心,要以集团的章程建设为抓手,通过建章立制推动内部的运行机制建设,改善内部的治理结构,明确集团发展规划、计划,理顺决策的执行、监督和保障等环节职能关系,强化各分校的权利义务、履职和权限,倡导和谐合作、互动互利,提升集团整体的管理水平,同时要加强目标管理责任制,加强对集团内各成员单位的绩效考核,提高教育集团管理效能。

(三)集团的"共性"与"个性"问题

众所周知,名校之所以有名,在于深厚的文化底蕴,在于敬业乐业、严谨治学、无私奉献、追求理想、不断创新等优秀品质,其共同的价值观念、思维模式、校风、教风、学风,是凝聚学校群体成员的重要精神力量,是学校发展的强大内驱力。集团化办学的过程也是先进文化对另一种文化的认同、引领和改造过程,名校办分校的成功度,最终取决于思想领导和文化濡染的程度。只有达到一定的文化认同,才能让教师们从根本上认同学校的办学理念、教育目标并最终落实到自觉的教育教学行动中去,这是就"共性"的角度而言。针对分校数量增长过快、分校数量较多的集团化学校而言,面对着大量新教师的不断涌入,面对着学校文化可能被稀释的危险,如何保证名校自身的"造血"功能,实现分校对总校教育理念与文化的移植,传承和发扬总校传统,还有很多艰苦细致的工作要做,既要有行政上的强力推动,又要有思想上的润物无声。

就"个性"的角度而言,名校办分校,并不是只讲统一意志、不讲独立发展,只叫分校俯首听命,不叫分校勇于创新,这样就和教育所要求的个性化和多元化相去甚远。名校办分校的成功度,还取决于名校与分校相对独立、相互促进的程度。集团化办学就是政府决策让名校带动弱校一同发展,本身就易造成学校间的同化,如何让分校发挥自己的特色,办出多样化的学校,满足社会对教育资源百花齐放的不同需求,还要考验名校的智慧和气度。名校要像家族中的老大一样,要有奉献精神,要毫无保留地将办学的经验、文化和理念传授给分校,保证分校的教学同总校同步,还要给分校留足施展的空间,更要鼓励分校超越自己。

各校区的发展要体现共性与个性的统一,既要统一领导、统一调配、统一管理,又要善于给各分校放权、授权,既追求内涵的丰富性,又追求自身的独特性。

(四)集团化办学的课程建设问题

集团化办学不仅旨在促进教育的均衡发展,还在于促进教育的优质创新发展,学校应该担负起探索育人的新模式、培养拔尖创新人才的使命,发挥集团内名师荟萃、资源丰厚的优势,在大课程观下积极建构优才教育课程体系,提升课程品质,研发和设置一系列丰富的拓展性课程、研究型课程、隐性课程和显性课程,在有效课堂的打造、学科组品牌意识的构建、教育教学的规范化管理和监控等方面加大创新力度,丰富资源和储备,真正在区域内起到引领发展、先锋示范的作用。

(五)集团化办学的动力机制问题

随着绩效工资制度的全面实施,同一区域内城乡学校之间、强校弱校之间不再有工资水平的差异。从长期的发展来看,国家的政策是有前瞻性的,但事实是集团化办学学校承担着更多的社会责任,担负着更多的品牌和文化、理念和制度、人才和资源等有形和无形资产的输出任务,名校校长承担着巨大的压力、责任,但是没有增加相应的激励。一个名校不去实施集团化办学,日子可能会更好过些,而实施集团化办学,带来的更多的是辛苦和负担。名校长是名校集团化办学的核心力量,现在许多校长都是抱着对教育事业的热爱,对实现优质教育普及化、推进基础教育的均衡发展的理想进行集团化办学实践的。要将名校集团化深入推进,仅仅依靠校长的理想和热情是远远不够的,教育主管部门应理解名校和名校校长、教师们承担的巨大责任和压力,给予相应的优惠政策;在集团内绩效工资总量上要有所倾斜,合理调整绩效工资的分配结构,激发集团的内在活力;扩大集团化学校的高级专业技术职务、中级专业技术职务的聘任比例,优化职称比例,落实人事编制、人员流动方面的政策支持。对于集团化办学学校,要在教师培训、选任、调动、评优、评先等方面给予政策上的倾斜,要完善集团的编制增补政策,推进名校集团人事制度改革。

同时,名校集团也必须以更开阔的视野来思考自身的发展路径,努力加强跨省合作和国际合作,不断提升办学水平,进一步打响名校集团的品牌,进一步起到引领当地教育的作用。

总之,集团化办学是在特定的历史时期,为了解决具体问题而采取的特殊办学模式。推行名校集团化办学,要把握正确发展方向,即坚持教育的公益性、平民性、普及性,以扩大优质资源、满足人民需求、提高办学效益水平、促进师资整体提升,达到推进教育高位均衡的最终目标,它的理论依据、实施策略都还需要在实践中不断摸索和总结。

[靳文,合肥市第五十中学(东区)校长,中学高级教师,合肥市骨干教师。]

以可持续发展为目标的普通高中能力建设要素及策略分析*

韦立君

【摘　要】普通高中的可持续发展是在于构建类型多样、结构灵活和功能健全的教育体系，从而帮助学生顺利适应并胜任后续的高等教育、工作和社会生活。而普通高中可持续发展的实现，关键在于加强能力建设。高中能力要素分别来自人力资本、社会资本和物力资本3个维度，围绕课程、教师、校长和组织4种基本能力展开相应建设策略对实现高中可持续发展至关重要。

【关键词】普通高中；可持续发展；能力建设；要素；策略

一、普通高中可持续发展的基本内涵

可持续发展是20世纪末提出的为国际社会所公认的全球发展新战略。

---

* 2012年度高校省级优秀青年人才基金重点项目"以能力建设为核心的普通高中可持续发展研究"(2012SQRW125ZD)、2014年安徽省基础教育改革与发展协同创新中心委托课题"国际视阈下的学校主导型家校协同模式构建"(2014JCJYWT20)。

学校教育作为社会发展的重要组成部分,必然要为落实可持续发展战略添砖加瓦,而最关键的是首先要实现自身的可持续发展。学校若要实现可持续发展,需要做到哪几点?应该具备哪些特征?在综合相关研究的基础上,笔者认为关键有以下4点:具有超前的发展意识,即学校能够根据时代精神与要求以及教育发展潮流与趋势对自身发展做出长远规划;具有整体发展目标,所谓"整体发展"是指个体的全面发展、素质提高,即要进行德、智、体、美、劳和个性全面发展的教育,[①]特别自实施第八次课程改革以来,该理念又进一步得到强化;具有源发展动力,即学校获得可持续发展的根本动力不在于外部各种投入,而在于自身能力的不断发展,如持续进行的教师专业发展;具有协调发展能力,即学校善于根据内外环境变化合理统筹,既能对学校内部各种资源进行优化配置,又能紧跟社会发展和教育改革步伐及时调整自身,有效应对。

对普通高中(以下简称"高中")可持续发展的基本内涵作明确的阐述时,应结合高中的独特性质与价值定位。高中属于基础教育阶段,但性质上又不完全与之前的九年义务教育相同,因为作为基础教育的最高阶段,其目标和任务是多维度的,不仅连接着高等教育,也要为学生适应未来的社会生活做好准备。因此,结合之前关于学校可持续发展特征的基本逻辑,高中的可持续发展应是为了更好地适应变动不居的社会发展需要,建立起类型多样、普职融通、结构灵活、尊重选择、功能健全、全人发展的高中教育体系,以培养出能够胜任高等教育和终身学习、能够顺利融入职业生活和社会公民生活的当代高中生。

二、能力建设是高中可持续发展的动力之源

"能力建设"是美国学者在20世纪70年代后期兴起的有效学校研究中提出的概念,在20世纪80年代教育改革浪潮的推动下,逐步成为教育改革中的重要策略。"迈克·富兰(Michael Fullan)指出,我们要把注意力准确地

---

① 汪霞:《可持续发展:21世纪的教育选择》,载《中国教育学刊》,2000(5)。

集中在实现可持续发展中最困难的问题上,能力建设必定会成为学校所有改进策略中最核心的部分"。①

那么,能力建设对高中实现可持续发展具有怎样的意义呢? 一般而言,学校实现可持续发展会受到多方面因素的影响,既有来自外部的,也有来自内部的。从国外相关研究来看,外部的支持固然重要,如正确无误的政策输入和充足雄厚的资金投入,但是真正决定学校能否不断发展的关键还在于学校自身的能力,即学校是否具备了有效应对与实施各项改革政策以及最优利用各类资金的能力。在教育改革中,如果"只有高期望而没有能力",那将"纯粹是一张过度负担的处方"。② 所以目前我国学校发展与改革领域所强调的学校内涵式发展与西方强调的学校能力建设,思路是一致的,即只有注重并加强学校内部各种能力建设,才能使学校获得不断发展的动力,从而最终实现学校的持续发展。

三、普通高中能力要素构成

在西方关于学校能力要素构成的讨论,以 20 世纪 80 年代后期美国学者斯皮兰的观点为代表。他将学校能力构成划分为 3 个维度:人力资本、社会资本和物力资本。教师、校长的责任感、意愿及知识,构成了人力资本部分;曾被科尔曼界定为一种行动资源的社会资本,关注的是群体或组织中个体相互间的关系;而物力资本除了其经常指代的资金、用于教学的时间和各类材料之外,课程、技术和数据等也随着学校改革的推进成为其中的要素。之后,美国学者科恩和鲍尔在前者观点基础上进一步扩展,提出第四个维度——系统能力,即强调学校应根据各种教育改革政策和要求在整个学校系统内部形成广泛的一致性,例如共同的行为准则、价值体系、期望,以及决定个体行为和共同结果之间关系的做事方法等。事实上,系统能力是对人力资本和社会资本两维能力的进一步整合与延展。

---

① [加拿大]迈克·富兰著,中央教育科学研究所译:《变革的力量——透视教育改革》,北京:教育科学出版社,2000。
② 张爽:《校长领导力:背景、内涵及实践》,载《中国教育学刊》,2007(9)。

从国内来看,有关学校能力建设研究的视野通常基于两个角度:个体层面和组织层面。关于个体层面能力建设的讨论相对较多,主要集中于教师和校长;组织层面的能力建设,强调集体的合力,如建立共同愿景、成员间融洽的协作关系等。以上两个角度分别可归入人力资本和社会资本范畴。物力资本的各要素由于是事先作出规定(如教学时间以及课改实施前的各类教学材料)或是外部输入性的(如资金),在可塑性方面不及前两者(特别像人力资本范畴的要素),因此并未如前两者那样受到关注。不过,随着第八次课程改革的全面推进,物力资本中的课程已逐渐成为一个核心要素。

综上,基本上可以明确学校能力要素的构成。对于高中而言,三维度的划分以及各维度的要素同样适用,可能有所变化的是高中未来多样化、综合化的发展趋势会对各要素的依赖程度存在一个重新排序,例如之前提到的课程,必将在高中实现可持续发展过程中发挥至关重要的作用,而在信息技术广泛运用于课堂教学的今天,技术、数据等要素将会变得更加重要。但不管如何,高中能力要素的基本构成是不变的,所以笔者将围绕高中改革发展过程中最基本的4个要素——课程、教师、校长以及组织,展开关于建设策略的讨论。

四、普通高中4种基本能力建设策略

(一)课程建设的职业与科技取向

1. 加强学术与职业的关联

如何将我国普通高中的综合化发展落到实处,课程建设至关重要。可实际情况是,绝大多数高中的课程并未具备与之相应的能力,尤其是在学生的职业发展需求上无法满足。因此,加强学术内容与学生未来职业以及生活的关联,在目前高中课程建设中尤为重要。《国家中长期教育改革与发展规划纲要(2010—2020年)》中明确提出,在普通高中融入职业教育内容,探索综合高中发展模式。美国综合高中的发展由来已久,在密切联系学术课程内容与职业以及真实生活情境上,堪称典范。并且为了进一步加强这种关联性,许多高中成立了职业学院。所谓"职业学院",实际上是高中内部设立的一种小型的、个性化的学习共同体。该共同体会学习以职业为主题的大学预备课程，并且职业学院还会与雇主、社区以及高等教育间建立良好的合作关系以促进课程的实施与建设。职业学院的实践价值在于其能够帮助学生顺利地向后续的教育以及工作过渡，更被美国人力示范研究公司评价为是旨在改善年轻人工作前景的为数不多的有效干预措施之一。[①] 此外，一些由社会组织与高中合作的特色项目，也为加强学术与职业的关联做出了贡献，如美国南部地区教育委员会的州职业教育协会创办的高中特色改革项目"工作的高中"，制定了更高的目标，不仅要求学生在高中阶段能将学术与职业的知识加以整合，做好应对升学和就业的准备，而且有后续性要求，即学生能够胜任高中毕业后的学习和工作，发展成为 21 世纪社会紧需专业的高端人才。该项目对高中课程提出的建设理念主要包括 3 点：设置大学预备课程，注意学术内容、技能与真实世界问题的整合；为学生提供更多的机会，学习富于挑战性的职业、技术研究，对于热门领域更是如此，强调更高水平的学术和问题解决能力的培养；为学生创造更多的基于工作的学习项目，让学生和家长有机会自主选择，教育工作者、雇主以及学生共同参与该项目的设计。从实施的效果来看，凡是参加"工作的高中"项目的学校，都能够将学术与职业（或技术）进行更高程度的整合，而参与的学生也能够更加顺利地胜任后续的学习与工作。

2. 加强科技类课程（STEM 课程）的建设

以信息技术为特征的知识经济时代，科学技术已成为第一生产力。在以培养高端科技人才为诉求的今天，必然要求增加学校课程的科技含量，这已经成为不争的事实。而且在全球化背景下，各国间的联系日益紧密，与此同时，各国间的竞争也愈加激烈。如何在国际竞争中占据优势，科技能力至关重要。特别对于我国这样一个发展中国家，培养科技人才、掌握核心技术更是一项迫在眉睫的战略性任务。否则，只能处于全球化经济产业链的底端，

---

① *Manpower Demonstration Research Corporation*．（2010）．Career Academies［EB/OL］．http://www.mdrc.org/project_29_1.html．

无法主导世界经济发展,更无法推动创新。"美国在企业家精神和创新方面之全球领导者的历史地位的确立,依赖于它拥有一支强大的科学、技术、工程和数学人才队伍,他们推动着创新的发展"。[①] 具有深刻危机意识的美国为了确保其在全球范围内的绝对优势,已在教育领域大力推行充满科技含量的STEM 教育,即培养科学(science)、技术(technology)、工程(engineering)和数学(mathematics)4 个领域的专业人才,为培养未来的工程师和科学家做准备。其中数学和科学作为"新三艺"中的两门学科自被写入 1958 年《国防教育法》以来,就一直是美国高中的核心课程。2007—2008 年度美国评出的全美 100 所金奖高中,在数学、科学和技术等学科领域皆有突出表现。2007年,在美国国家科学委员会、美国教育部、美国科学促进会、美国国家科学院以及许多其他组织的共同呼吁下,由时任美国总统的乔治·布什签署的《美国竞争力法》将促进 STEM 教育的相关法案写入其中。

由此,高中的课程建设在课程内容本身加强学术与职业的关联,增强科技性,注重学术内容与技能及真实问题整合的同时,也离不开顶层设计、法律保障、社会组织和社会资源的大力支持,以及学校内部学习共同体的广泛营建。

(二)教师与校长的高质量专业发展

专业发展已经成为各国培养和提升教师、校长工作能力的基本策略。通过立法为专业发展保驾护航,通过建立专业发展标准和评价体系确保专业发展质量,通过发展多样弹性的专业发展项目满足教师、校长在不同层次与阶段的专业发展要求,以及通过投入大量资金和现代化技术为专业发展提供坚强后盾,业已成为欧美发达国家中小学教师、校长在专业发展方面的宝贵经验。基于我国高中教育发展现状以及教师和校长专业发展面临的问题,在总结他人经验的基础上,笔者认为,教师和校长能够获得高质量专业发展应着重考虑以下几点内容。

---

① 赵中建:《创新引领世界——美国创新和竞争力战略》,上海:华东师范大学出版社,2007。

1. 形成制度化的专业发展

由于我国高中仍然面临高考升学的压力,而教师和校长的专业发展又需要大量时间、人力和物力的投入,因此,专业发展流于形式的现象仍然存在。在当今构建现代学校制度的背景下,教师、校长的专业发展有必要成为学校教育生活的一个组成部分,做到常态化、制度化。因此,需要从内容、形式上加以规范。从内容上看,应针对教师、校长专业发展的不同阶段,做到从标准到内容、从内容到评价等多个方面构建一整套连贯系统的专业发展方案。从形式上看,一方面,政府及教育行政部门应通过制定相关政策、法律,以及提供资金和技术支持保障专业发展顺利实施;另一方面,学校本身也应为专业发展创造条件,例如营建鼓励教师、校长专业发展的学校文化氛围,安排充足的时间,构建多种形式的专业发展共同体以及制定相关管理制度。

2. 立足教学实践,强调团队合作

教学是学校工作的核心。作为教学工作的主要承担者——教师,如何实现有效的专业发展?关键在于专业发展能够与课堂教学紧密联系。作为校长,虽然教学领导不是校长工作的全部,却是校长开展一切领导工作的目的所在,也是校长领导力培养的核心内容。但是从目前中小学教师、校长的职前准备和在职培训内容来看,上级教育行政部门的教育政策以及教育专家的教育理论和改革理念在培训内容中占有很大比例。因此,校本培训——基于学校实际工作的各类培训,成为目前大力倡导的一种培训形式,其中针对教师开展的听课、评课,针对校长开展的基于现场和问题的指导等,都是促进学、思、行相结合的有效举措。

3. 应势之需,灵活调整

专业发展并不是一成不变的,当时过境迁、改革主题发生变化时,专业发展也要相应作出调整。所以,需要以一种开放的理念,科学灵活地促进各项专业发展。例如,美国针对地域性和学科性师资短缺问题,确定了相应的专业发展项目,特别是在师资紧缺的STEM领域,更是灵活机动地大胆倡导对来自其他师资富余学科的教师,通过相应的转型培训使之成为STEM领域的教师。当然,前提是这些教师本身对STEM学科具有浓厚兴趣。另外,随着改革主题与内容的不断发展,专业发展的目标和内容也应及时作出调整,例如,目前在美国公立高中广泛推行的大学进阶先修课程,对教师专业知识提出了更高的要求。加州的长滩学区专门为此设立了教师进阶先修学校,满足教师在该领域的专业发展需要,而在数据驱动的学校改革背景下,教师、校长则需要接受相关培训以提高数据使用能力。

(三)加强组织的凝聚力建设

1. 建立高中问责制度

从高中发展现状来看,自从课程改革实施以来,教师也拥有了更多话语权及参与教育决策的权利。不过权利的放大意味着校长和教师需要承担的责任也被放大了,权利拥有之后相应的职责履行了吗?结果如何?所以,在美国的教育改革中,自从以学校为单位实施问责制以来,公立高中在组织能力建设上更强调形成高度的一致性,这种一致性是以责任为纽带,在高中内部各成员间形成共同的责任感和使命感。从某种意义上说,建立问责制更能刺激组织形成强大的凝聚力。

建立高中问责制,可以从以下几点着手。首先,应明确职责,通过制定具体的评价标准与指标以及相应的奖惩措施予以落实。从长远看,有必要在政策层面上保证学校问责制的实施。其次,校长应带领教师积极营造支持问责制实施的学校文化氛围,让全校人员形成共同的愿景、期望、态度以及行为准则等。再次,高中建立问责制的目的是为了提高教学质量、促进高中持续发展。因此,在不断确立新目标时,需要配套与之相适应的专业发展,以保证校长和教师有能力达到新要求。最后,学校各项工作的有效运行离不开信息通畅。因此,应为学校内部人员间的沟通创造条件,建立多种沟通渠道与更多的交流机会,这对于问责制的实施也相当必要。

2. 建立多样弹性的专业学习共同体

创建专业学习共同体为解决美国公立高中各科系部的巴尔干状态、促进高中的持续改进发挥了重要作用,对我国高中的改革与发展也具有非同寻常的意义。目前,教研组是我国高中较为普遍也是最基本的一种专业学习共同体形式。但是,在实现高中规模化发展,并逐步走向内涵发展的背景下,教研组形式的专业学习共同体已无法满足教师发展需要,也无法满足学校发展需求。特别是即将到来的高考制度改革,将取消文理分科,要求学生能对不同学科的知识做到融会贯通,因此,建立并发展跨学科的专业共同体显得尤为必要。在每学期的不同学习阶段,这类共同体会围绕不同目标和任务确立学习主题,开展有针对性的学习交流活动。总体而言,为了学生与学校的共同成长,有必要在高中建立多样弹性的专业学习共同体:既有各学科教师专业共同体,也有跨学科教师专业共同体;既有学术类教师专业共同体,也有职业类教师专业共同体;既有长期稳定的专业共同体,也有围绕某一特定主题或任务灵活组织的专业共同体。

以上所述的能力要素虽属不同范畴,但是在建设的过程中却是相互关联、彼此配合的,因此,高中的能力建设是一项系统性工程。这项系统性工程必然强调学校自身的努力,但几乎每种能力要素的建设都离不开来自社会的广泛支持。因此,也不能忽略了政府、企业界、高等教育机构以及其他社会组织所发挥的必要作用。

[韦立君,合肥师范学院教师教育学院副教授,博士。]

教师发展研究

U—G—S人才培养模式的路径选择与实践

——以安徽省教师教育协同创新中心为例

桑青松

【摘　要】"教师是立教之本、兴教之源"。深化教师教育改革,建立高等学校与地方政府、中小学(幼儿园、职业学校)联合培养教师的新机制,创新教师教育模式,围绕"按需施教""联合培养""协同优化"三大关键性问题,整合各类创新要素,促进教师教育机制、模式和队伍协同创新,建立责权明晰、优势互补、互利共赢的教师教育协同创新体,是创新人才培养的必然选择。

【关键词】教师教育;U—G—S人才培养模式;人才培养;实现路径

为深入贯彻实施国务院《关于加强教师队伍建设的意见》和安徽省教育厅、财政厅、发改委《关于深化教师教育改革的实施意见》,根据安徽省教育事业发展对教师队伍建设的重大战略需求,安徽师范大学教师教育协同创新中心围绕"按需施教""联合培养""协同优化"三大关键性问题,整合各类创新要素,促进教师教育机制、模式和队伍协同创新,建立责权明晰、优势互补、互利共赢的教师教育协同创新体。

一、U—G—S 人才培养模式：理性选择与必由之路

(一) U—G—S 人才培养模式适应教师教育改革与发展的需要

安徽是人口大省、教育大省，也是教师大省。调查表明，获得教师资格并受聘于中小学、幼儿园以及职业学校等各级各类学校的初任教师，并不能够很好地适应和胜任教师工作。这种情况表明，教师教育必须要通过机制和模式创新，提高其自身的质量，以更好地适应教育改革与发展的需要。

解决教师培养培训质量与教育事业发展对教师需求之间的矛盾，单靠高校、地方政府或中小学任何一方都无法实现，迫切需要加强相关方面的协同创新，建立"按需施教"的教师教育新机制。安徽省教师教育协同创新中心的设立，就是要加强师范院校与政府及教育主管部门的协同，根据本地区教师队伍建设实际需要，科学地确定课程体系，协同创新教师培养模式和机制，严把师范生进口和出口关，提高师范生进口的选拔性和出口的淘汰性。同时，在教师培训上，通过高校与地方政府协同，促进培训课程和教学模式改革，满足不同层次和类型教师培训需求，提高教师培训的针对性与有效性。

(二) U—G—S 人才培养模式促进了教师教育的针对性和实效性

长期以来，教师教育一直是在师范院校"校门"里面打转转，院校之间各自为政、封闭办学，缺少必要的协作、沟通和分工，难以实现信息互通，人才、资源共享。在培养模式上，围绕"老三门"的学科知识体系，课程设置形式单一、内容匮乏，实践教学环节设计不合理，不能体现教师教育专业特点，教育实践环节薄弱，脱离教师专业发展需要。另一方面，中小学校难以参与到教师教育过程中，缺少参与指导教育实习的积极性和有效方式。这种培养模式造成教育理论与实践脱节，培养培训的针对性不强、实效不明显，严重制约着中小学教育质量的提高。

因此，需要师范院校加强院校之间及其与中小学之间的协同，破除壁垒，充分释放各创新要素的活力，促进师范学院之间及其与中小学在教师教育各个环节和层面上的系统合作，形成联合培养教师的新模式。

(三) U–G–S 人才培养模式注重教师教育师资队伍的合理对接

师范院校实施教师教育的一个重要短板,是教师教育师资队伍薄弱。这不仅表现在从事教师教育的师资数量保障和学术水平上,更表现在师资队伍的知识和能力结构上。教师教育专业教师多是从学校到学校、从书本到书本、从课堂到课堂,脱离丰富多彩的教育实际,难以深入教育实践一线,与教师专业发展实际需求"两张皮",难以对教师培养培训起到应有的示范引领作用。

加强教师培训机构的专兼职教师队伍建设。加强专职教师培训,提高开展教师培训工作的能力。聘请优秀高校教师、中小学(幼儿园)教师担任兼职教师。加强教师教育队伍建设的政策落实,单靠师范院校自身力量难以实现,迫切需要加强与地方政府、中小学协同,实现教师教育队伍建设的协同创新,发挥优秀中小学教师在教师培养培训中的专业引领作用,形成教师教育师资共同体。

二、U–G–S 人才培养模式的目标定位与价值旨归

(一) U–G–S 人才培养模式的目标定位

以安徽省教育事业发展对教师队伍的重大需求为牵引,以全面提高教师教育质量为核心,以制约安徽省教师教育深化改革的关键性问题为着力点,形成以需求为导向的教师教育新机制,构建高校与高校、高校与地方政府、高校与中小学联合培养教师的新模式,探索大学与中小学协同构建教师教育师资共同体的新路径,推动教师教育内涵式发展。

围绕教师教育的科研创新、条件保障、学科发展、队伍建设、人才培养、国内外合作交流,通过协同创新体及相应的体制机制的建立与运行,发挥牵头学校对全省教师教育及教育事业发展的示范带动作用,形成"按需施教"的教师教育新机制、"联合培养"的教师教育新模式、"协同优化"的教师教育师资建设新路径。努力将安徽省教师教育协同创新中心建设成为国内有重要影响和区域特色,对安徽省教师队伍建设发挥龙头示范作用的教师教育协同创

新中心。

(二) U-G-S 人才培养模式的价值旨归

根据安徽省教师队伍建设实际需要以及各级各类教育改革与发展的需要,立足于培养高素质,具有社会责任感、实践能力和创新精神并且具有终身可持续发展能力的教师,在加强专业理念、专业能力和专业情意教育的同时,注重教师的人文素养教育,重点开展卓越中学教师、全科化小学教师、农村义务教育骨干教师、少先队辅导员、综合化幼儿园教师、职业院校"双师化"教师、农村教师信息技术应用能力培训等7个方面协同创新研究与实践探索。

在省教育厅和有关地市政府领导和支持下,联合本省相关师范院校,与中小学协同建立教师教育创新实验区,构建高校与高校、高校与中小学联合培养的教师教育新模式。建立由牵头单位、核心协同单位、主要参与单位共同参与的教师培养指导委员会,协同制定教师教育的培养目标、设计课程体系、建设课程资源、建设实践基地、开展教学研究、评价质量水平;研究建立师范类专业认证及评估的准则与程序,开展教师教育机构资质认证的研究工作,开展教师教育过程监控和绩效评估。

促进牵头单位、核心协同单位、主要参与单位的协同,加强教师教育队伍共同体建设。围绕以上7个教师教育协同创新项目,重点建设7个教师教育创新团队,建立促进高校和中小学教师在更高水平、更深层次的双向互动机制,形成师范生和参训教师的"双导师制",构建高校教师与中小学教师合作研修的教师教育师资共同体。

三、U-G-S 人才培养模式的运行机制与模式

(一) 教师教育资源汇聚机制

安徽省教师教育协同创新中心对专职和兼职研究人员坚持"以用为本,按需设岗、公开竞争、择优聘用、合同管理"的原则,根据发展需要,实行整体规划,总量控制,逐步到位。在用人机制上,实施岗位聘任制,实现"开放、流动、竞争、协作"的改革目标,实行"资源、目标与任务挂钩"的绩效考核机制。

按照所遴选的研究方向或重点项目成立创新团队,实行责任教授和首席专家负责制。把创新团队作为一个基本单元进行管理,首席专家和责任教授有权动态更换创新团队成员,以营造竞争和流动的开放环境。责任教授和首席专家讨论提出创新团队和重点项目的年度目标,实行节点滚动考核,根据完成情况核拨下一阶段的各类经费。

制定协同中心的章程,明确各方责权和人员、资源、成果、知识产权等归属,构建开放共享、科学有效的组织管理体系;探索建立以任务为牵引的人员聘用方式,建立科学系统的评价体系。学校出台教师职称评定政策,规定从事教师教育的专业教师在申报副教授及以上专业技术职务时,任期内必须参加累计不少于6个月的社会实践。

对于牵头单位指定或委派的固定人员,在纳入学校年度人事、教学、科研和研究生导师考核的同时,必须按照其在中心承担的岗位工作任务完成情况进行考核。考核合格者,享受相应的年度绩效薪酬;不合格者,将根据考核情况扣减相应的年度绩效薪酬。兼职人员与中心签订年度协同创新任务,参与中心管委会的绩效考核。管委会根据考核结果决定是否续聘和发放绩效薪酬。教师教育专业教师被派往中小学挂职锻炼的,挂职结束后要进行履职汇报,并接受考核组考核。考核合格者方能享受学期全额绩效工资。

(二)创新人才培养的协同运行机制

1. 高校与政府(U-G)协同

在省安徽省教育厅的领导和支持下,与芜湖市等地方政府及相关部门签订教师教育协同创新协议,建立U-G协同培养教师的新机制。在此框架下,进一步通过与芜湖市教育局、弋江区政府、芜湖市团市委等单位进行教师培养培训项目合作,探索形成以需求为导向的教师教育机制。

2. 高校与高校(U-U)协同

在省教育厅领导和支持下,安师大教师教育协同创新中心牵头成立"安徽省高等学校教师教育合作委员会"("高师联盟"),联合淮北师范大学、安庆师范大学等高校,制定联盟章程,形成教师教育共同体,建立U-U协同的教师教育新模式。搭建统一开放的教学资源共享平台,互聘教师,组建跨校的教师教育学术团队和教学团队,共建、共享教育实践基地,举办教师专业技能比赛,开展师范类专业评估认证。按照双方协议,与美国、俄罗斯、澳大利亚等国外相关大学,开展教师联合培养工作。

3. 高校与中小学(U—S)协同

中心与省内一批优质中小学签订教育实践基地、教育硕士联合培养单位、教师培训"影子学校"的合作协议,聘请校外兼职导师,安排教师教育专业教师到中小学挂职实践,合作开展教育科研,建立 U—S 协同的教师培养新模式。

四、U—G—S 人才培养模式的实现路径

(一)构建"按需施教"的教师教育新机制

师范生遴选机制研究。研究与探索入学自主选择、一年内的学校选拔、后期分流的师范生遴选机制及限制与约束条件。开展教师教育专业学习淘汰制研究工作,试点淘汰部分不能适应教师教育专业学习的学生,以保证教师教育培养质量。

U—G—S 联合培训教师机制研究。研究和建立与综合性大学、专业性大学、中小学、国外教育科研机构深度合作培养教师的新机制。探索形成"高师联盟"院校之间教师教育学分互认的联合培养新机制,师范院校与综合性大学、行业性大学联合培养培训职业教育师资的新机制,探索形成大学与中小学联合开展培养培训教师的新机制。

卓越教师培养机制研究。打破学校内部资源分割状态,推进教师教育资源整合,促进教师培养、培训、研究和服务一体化。

(二)创建"联合培养"的教师教育新模式

开展教师教育课程改革工作。基于《教师教育课程标准》和《中小学教师专业标准》,借助"高师联盟"平台,依托已经立项的教师教育国家级精品资源共享课程,与省内高师院校协同制定带有指导性质的"教师教育课程方案",组织编写符合安徽省教师队伍建设需要的系列教材,开发相应课程资源。开

展教师教育实践性课程实施与评价研究,开展教育实践课程模块化试点,开展教师教育课程评价改革研究工作。改革教师教育专业考试评价过分注重专业知识忽视专业能力和素质的倾向,建立过程与结果相结合、专业知识与专业能力并重、理论性课程考试评价与实践性课程考试评价分类实施的考试评价模式,探索实践性课程学分化考核方式多样化主体评价(实习学校指导教师、高师院校指导教师、中小学生、实习学校管理者共同参与评价)。通过共聚"协同优化"的教师教育共同体,开展高校和中小学合作共建教师教育者共同体研究工作,包括合作培养教师共同体、合作研究共同体、合作发展共同体。

(三)完善人才培养模式,提升人才培养质量

1. 实施优秀本科生培养计划

进一步实施"卓越教师培养计划",培养具有良好思想素质、专业素质、科学素质、人文素质和健全的身心素质的全面性人才,具有较强的反思与发展能力、表达与沟通能力、组织与管理能力的发展性人才,具有初步的教育教学研究能力和校本资源开发能力的创新性人才。一是实施招录方式改革。本着"自愿选择、公平竞争、适时分流、提高质量"的选拔原则,通过志愿选择、专业面试、淘汰分流,创新师范生遴选与培养机制,在符合申报条件的一年级新生中选拔。在教育厅政策支持下,探索入学自主选择、一年内的学校选拔、后期分流的师范生遴选机制,将高考志愿的一次选择与进校后的二次选拔结合起来,真正将适教、乐教的优秀学生吸纳到教师教育专业。申报条件有:立志从事教师工作,热爱教育事业,品学兼优,身心健康;身体条件符合《安徽省教师资格申请人员体检标准及办法》;入学总成绩排名在全校排名前三分之一以内(分文理科)。符合条件的学生可以在开学后两周内提出申请,填写《安徽师范大学卓越教师培养计划实验班申请表》并上报所在学院,经学院初审后送教务处。学校统一组织考核,确定录取名单,经公示无疑议后正式通知学生进入实验班,办理有关专业转换和宿舍调整手续,进行实验班组建工作。二是培养方案与机制改革。执行单独编制的人才培养方案,采取合班与分班相结合的方式组织教学,先大类培养,在第三学期选择专业方向后,再进行分

班教学。任课教师实行选聘制,原则上由有10年以上教学经验、具备较强的教学和科研能力,具有博士学位及副高以上职称的教师担任。20％以上教师教育类课程的教学工作,聘请中小学优秀教师承担。班主任由具有5年以上工作经验的优秀学生管理工作者担任。实验班学生单独组班、集中管理,配备校内、校外双导师。设立实验班专项奖学金,实验班学生优先享受学校规定的其他奖助学金;优先享有赴境内(外)高校交流学习的机会;按照班级总人数的50％,单独设置研究生推免指标(详见《安徽师范大学卓越教师培养计划实验班管理办法》《安徽师范大学理科综合类卓越教师实验班培养方案》《安徽师范大学卓越语文教师(实验班)培养方案》)。中心还将强化师范专业学生教育教学实践能力的培养和提升,聘请中小学一线优秀教师作为实践导师,全方位参与实习学生的基本技能训练、教学设计、说课等实践环节的培养。三是试点教师教育专业学习淘汰制。淘汰部分不能适应教师教育专业学习的学生,以保证教师教育培养质量。

2. 扎实推进优秀研究生培养计划

以培养优秀拔尖创新型教师教育人才为目标,主要采用"联合培养"方式培养教育硕士,在研究生培养体制、课程设置、教学内容和教学方法、课程设置、培养方式、科研训练、社会实践、导师配备、学位论文标准、管理与运行机制等方面加强创新研究,制定优秀研究生培养计划。一是招录方式改革。根据有关要求,对申请者进行综合考评,侧重考评申请者的科研能力、创新能力和写作能力等,面试环节增加考生"乐教、适教"素质的考核;对于本科专业是师范专业或有过教学实践经验的考生,同等条件下优先录取。逐年增加农村义务教育特岗教师推荐攻读教育硕士学位名额,探索完善特岗教师攻读教育硕士学位的培养模式。二是建立联合培养机制。实行专业学院与相关中小学联合培养,强调课程学习与专业实践并重。课程设置重视理论与实践相结合,采用课堂参与、小组研讨、案例教学、合作学习、模拟教学、技能研训等方式进行。教育实践通过与联合培养单位协商,采取分段实践和集中实践相结合的方式。其中,《课程与教材分析》《教学设计与案例分析》《课堂教学技能》等实践性课程的教学工作,邀请联合培养单位的实践导师承担。实行"双导师制",发挥 U—S 协同效应,建设一批教育硕士联合培养基地,从基地学校遴选符合条件的高级职称教师担任研究生兼职导师,参与培养教育硕士的具体工作,聘请有经验的中小学高级教师、特级教师担任实践导师,实质性地参与教育实习指导、实践性课程教学和学位论文写作指导。学位论文必须经过校内外导师共同签字认可,方能申请参加答辩。论文评阅人和答辩委员会成员中,至少要有一名具有高级教师职称的小学教师或教学研究人员。三是考核评价方式改革。学习培养期间,研究生应主动与导师保持联系,定期汇报学习和工作情况。完成联合培养返校后,学生要填写《安徽省教师教育研究协同创新中心研究生培养总结报告》,每学期至少要做一次科研工作汇报。学习时间 1 年以上(含 1 年)的研究生,应以安徽省教师教育协同创新研究中心为第一完成单位在北大中文核心期刊以上发表至少 1 篇与专业相关的研究论文或产生其他同等级的教育实践成果。中心采用不定期审核、定期测评的方式,重点考察研究生在教师教育领域的科研成果和实践成果。

[桑青松,安徽师范大学教育科学学院院长,教授,博士,博士后。]

教师领导力提升的学校努力*
——基于教师岗位建设的实践分析

李继秀

【摘　要】 在领悟当代基础教育转型性变革内涵的基础上，将教师教学之外的岗位建设定位为学校转型性变革的重要构成。这类岗位建设是基于学校日常生活，基于对不同发展状态教师成长内在机理的领悟，基于对教师"成事成人"、生命价值实现的理解与尊重。岗位建设是促进教师主动、健康、充分发展的新路径，也是提升"教师领导力"，"把学校还给教师"，开创学校工作新局面的内生动力。

【关键词】 教师岗位；教师领导提升；学校努力

一、教师领导力提升的内涵与价值

"教师领导"是一个开放的概念，York·Barr 认为这一概念涵盖了一系

---

* 全国教育科学规划 2012 年度教育部重点项目"中小学教师工作绩效与职业效能感研究"(FFB120537)、教育部人文社会科学重点研究基地华东师范大学基础教育改革与发展研究所 2009 年重大招标项目"当代中国儿童学校生存状态与发展研究"(2009JJDXLX003)。

列多层次的活动。他把这些活动归结为以下几个方面："协调合作、课程设置、参与学校管理、家长及社区互动、自我引导专业发展、协助同伴的专业发展、参与新教师的聘任和培训工作,等等。"①可见教师领导已经超出了教学之外。正如早期研究者 Katzenmeyer（2005）的观点："教师不仅领导课堂,在课堂之外也是领导者,他们认同团队中的其他教师,并为之作出贡献,同时对其他人施加影响力,亦促进学校教育实践。"②长期以来,探索学校领域中的领导问题往往从行政的角度进行分析,比如学校领导、校长领导、学校中层领导、基层领导等,着重探讨"学校部门"对"教育主管部门"的政策执行、组织机制、教师管理、学生管理、教学管理、学校资源分配和利用等,很少谈论教师领导。如果有,也只是少数教师作为占据学校组织中正式领导岗位的领导者,即教师作为领导者,或者"课堂教学领导力"（教师的教育教学能力,课堂教学领导力是教师领导力的重要标志和提升基础）。随着分布式领导理论、平行式领导理论、变革型领导理论等教育改革的逐步推进,越来越多的学校认识到只凭校长个人的领导,或校级领导班子集体领导,无法应对外界环境的种种变化和改革,更不能满足转型性变革时期基础教育不同发展状态教师的"成事成人"需要,人们开始关注不担任"正式领导职务"的教师。如果把学校工作分为教学、管理、服务的话,那么一种超出课堂教学之外,区别于带着浓厚"行政""部门"气息的"教研组""年级组""备课组",体现在学校日常管理、服务等岗位中的教师领导、领导力,以"团队""共同体"命名的学校群体悄然兴起,顺势而发,它已成为学校转型性变革、教师职业发展的重要构成。

据此,"教师领导力"内涵似乎可以这样表达:教师在自己主动竞聘（或认领、创生）的岗位中通过参与学校日常管理与服务,在获得自身发展的同时,形成的同伴影响力和学校影响力。教师领导力提升就是教师在岗位活动中潜能的开发、能力的发展和能量的转移。其根本价值在于,通过教师岗位建

---

① York • Barr J, DUKE K. *What Do We Know about Teacher Leadership*, Finding from Two Decades of Scholarship. Review of Educational Research, 2004.

② Katzenmeyer M, Moller G. *Awakening the Sleeping Giant: Helping Teachers Develop as Leaders*. Thousand Oaks, California, Corwin Press, 2001.

设,丰富学校管理内容,改变教师在学校管理中的地位,促进教师职业生涯的丰富,最终形成学校文化生态,提高现代学校制度下的办学质量与水平。

二、一项教师岗位建设的案例实证分析

某学校创建于1955年,原属郊区一所村小。2005年,学校由村小划为市区区属学校。到2012年,该校有14个教学班、600多名学生、28名教师。

这是一所地处城市边缘的小学,师资力量薄弱,办学条件差,教学质量不高,生源质量低,社会声誉不好。学校拥有的爱岗敬业、富有爱心、素质较高的教师数量不多。学校大部分教师是转正的民师。虽经过几次教师招聘和中层干部配备,但是强大的中原农耕文化特征至少在以下几个方面对教师的发展产生长久的负面影响。一是群体本位的价值观,只关注群体,不关心教师个体,领导由专门的人来做,强调教师个体对群体的服从,教师处于学校管理的最底层;二是崇尚精英的民族心理认为学校只要有几个优秀的教师就行,能者多劳,一般教师也心安理得,至于"我"要不要学、要不要以他们为榜样,那是另外一回事;三是经世致用的思维习惯,认为教师发展就是把课上好,提高的途径就是观摩、模仿别人的课,重"术"轻"道";四是长期的农耕生活方式,使教师只是用自己有限的知识和能力应付年复一年、周而复始的教学生活,惰性滋生,缺少挑战与进取意识,缺乏反思,疏于合作。在教师们的观念中,"我"与这所学校的关系是"我"与"他"的关系,而不是"我们的关系",游离于学校组织之外。

这又是一所亟待快速发展的学校。随着一位新校长的到来,在经过2008—2010年3年规划发展后,学校在德育、校园文化、教育科研、校本培训、骨干教师培养等方面做出一系列改革创新,逐步赢得教育主管部门、社区、家长的好评,但是与区域内的其他学校相比,仍有较大差距。经过研究,认为关键在教师,如何将教师的积极性调动起来、如何改变传统文化背景下的教师学校生存方式,从而促进教师积极主动发展,迫在眉睫。

2009年,《当代中国儿童学校生存状态与发展研究》课题组将新基础班级岗位建设理论成功地引入基地实验学校,取得了良好效果。在学生通过班

级岗位获得积极主动发展的同时,基地学校校长和课题组又创造性地将岗位建设的模式"岗位设置→岗位竞聘→岗位锻炼→岗位评价→岗位轮换"成功地迁移到学校教师的岗位建设中。

"岗位设置"(创生)就是指在学校日常生活中创造产生出符合学校整体发展需要、符合教师个体发展特征的岗位。这些岗位区别于教学"部门"组织,是指那些不被人们重视,而在现代学校制度下越来越重要的事。例如,在基地实验学校逐步创立的岗位就有书吧吧主、学校每日评论员、家校沟通员、赛事评判员、媒体联络员、安全协调员、休闲娱乐策划员等。

"岗位竞聘"(认领)就是教师根据自己的兴趣、爱好、特长,将自己最优势的一面展现出来,通过主动申请、演讲、竞争获得岗位,成为岗位领导者。在岗位竞聘过程中,每一位教师都感觉到有机会成为学校管理的参与者,都可以在某方面展现出自己的领导才能。"岗位"是随着学校发展内容不断丰富而逐渐呈现的,成熟一个,设置一个,竞聘一个。这样,教师们便开始关注学校的发展,帮助校长创生岗位并积极竞聘、认领。

"岗位锻炼"就是教师在竞聘(认领)的岗位中实现"我是第一负责人""我的地盘我做主"。通过执行岗位规划,在开展的各项岗位活动中开发和提升个人能力和影响力,促进教师有效成长。

"岗位评价"和"岗位轮换"是指教师在某岗位工作一段时间(一学期)后,对其进行的岗位评价和必要的岗位变化。评价的主体是多元的,有自我评价、岗位内评价、岗位间评价、学校评价。岗位自评的内容主要是谈自己的真实感受、成长和进步。岗位他评主要是评价岗位中的教师在岗位工作中表现出来的领导力及提升状况,主要内容是大局、责任意识,协调、服务意识,岗位目标实施及其效果。

三、教师领导力提升的学校努力

(一)读懂教师:关注教师成长的需要

在学校,学生有学生的生活,教师有教师的生活。强大的思维惯性、单一的思维方式,导致学校将发展的目标定位在学生身上。殊不知,这样的氛围忽视了教师的发展。因此,学校需要从以下几个方面读懂教师,关注教师成长的需要。

第一,教师群体是丰富的。改变传统的"群体本位"的价值观,需要我们关注独特的教师个体,而关注个体又不只是关注学校中少数"精英""优秀教师"。作为独特的生命个体,每位教师都有自己的精神世界,每一个精神世界的丰富都需要独特的生存环境。教师岗位设置与建设就是对不同发展状态教师成长内在机理的领悟,也是对"成人成事"教师生命价值实现的理解与尊重。正是这种教师个体独特的生存方式需求,构成了丰富的教师群体和教师日常学校生活流。

第二,教师个体和群体中蕴藏着被现行教育遮蔽而又亟待开发的潜能。这种潜能就是"教师生命资源",就是蕴藏在教师个体和群体身上,对学生成长、对教师同伴成长、对学校发展可能起特殊作用的教师自身资源。它包括教师的知识、技能、方法,情感、态度、价值观,合作、沟通、协调等领导力。然而,在现行教育制度下,教师被发掘的只是满足学生考试要求,满足家长升学要求的教师知识和解题技能的一面,蕴含在教师个体和群体中宝贵的"生命潜能",不但得不到丰富、滋润、提升,反而被遮蔽了,严重地影响教师主动、健康、充分、真实的发展。更严重的是一些学校组织认为,只要给教师提供课堂就行了,教师的一切成长都在课堂上,上课的过程就是教师潜能的开发、生命价值的实现过程。

第三,教师发展对学校新组织的诉求。研究表明,教师是一个复杂的群体,一方面,长时间处于"工具"状态下的劳动,使他们依赖于学校的行政管理,缺少自我发展意识;另一方面,他们是有知识、有个性的生命个体,有丰富自己生命资源和实现自己生命价值的强烈愿望,他们往往不满意于一些量化的考核制度,不愿意接受甚至轻视学校行政的"指手画脚"。[①] 因此,处于这种矛盾交织下的教师,不仅需要来自"部门"的带有"行政气息"的常规管理,更需要学校组织释放出教师活动空间,提供适当的岗位和平台,形成教师团

---

① 李继秀:《教师发展与学校组织变革创新》,载《北京教育研究》,2008(3)。

队和共同体。这样才能"使教师在学校的生存方式由消极被动的适应性生存方式向积极主动、不断自我更新的发展性生存方式转化",①形成教师的生命自觉,以建设性的态度参与学校发展与变革。

(二)创生岗位:形成新组织,提升教师领导力

在现行一般学校组织中,教务处、教研处、年级组、教研组(备课组)显现出"部门"特征,行使着"行政权力",分别从师德、工作量、教研、评估等方面,制定出看似详细、具体、到位、严格的要求和评价标准。即便是教师日常生活的学术性组织——教研组、备课组,也带着浓厚的"行政""部门"气息,难以形成教师团队和研究共同体。有研究者认为,"部门"与"团队""共同体"的主要区别在于,前者的工作由专人独立来做,同类的工作和员工进行分组,采用多层管理和单项沟通的方式,高层独自决策,较正规,旨在控制;后者的工作由人与人协作来做,不同类的工作和员工进行分组,采用少层管理和多项沟通的方式,基层自主决策,正规化较低,旨在自主。② 在"部门"概念下的组织中,教师们难以形成"团队精神"与"合作意识",也不能将组织最富价值的一面——促进教师主动、健康发展有意识地展现出来。

从管理理论来看,上述案例中的岗位设置(创生)就是强调岗位的挑战性和成就感,以"工作的丰富性"来激发教师参与学校管理的积极性,即通过给予不同的教师更多的自主控制工作进程的自由,鼓励教师参与学校管理和交流合作,使管理者和教师形成平等合作的关系。也就是说,他们都是管理的主体,学校管理进程是管理者和教师相互协调的过程。

岗位建设是指通过"岗位设置→岗位竞聘→岗位锻炼→岗位评价→岗位轮换"的组织形式和运行方式,让教师在自己竞聘的岗位中"群策群力"、"分工协作"、少管理多沟通、"自主决策"等,使岗位成为"团队"和"共同体",形成教师领导力。同时,学校还可以通过岗位开放、过程互动、资源集聚、经验辐

---

① 叶澜:《把个体精神生命发展的主动权还给学生》,载《面向21世纪我的教育观:综合卷》,广州:广东教育出版社,1999。
② 杨炎轩:《从教研组到教师团队:组织结构理论的视角》,载《上海教育发展研究》,2009(8)。

射,形成校内各组织之间的有效互动,提升教师的领导力。通过岗位评价,教师也可以根据自己的兴趣爱好,经验积累创生新的岗位或轮换到新的岗位上去。

(三)创新教师文化:形成学校文化生态滋养

教师文化是学校文化生态建设的重要方面。教师文化的根本特征就是日常性、多样性,它涉及每个教师平常是怎么思考问题、怎么行动的。教师文化可以分为两个层面:一是自然、自发生活方式,它是根植于教师之中,随时随地表现出来的教师工作习惯、传统、经验等,其间透露出根深蒂固的思维方式、行为准则、价值取向。健康的自然自发生活方式能够形成教师积极向上的态度、行为方式,而中原文化中那些"群体本位"的价值观、崇尚精英的民族心理、经世致用的思维习惯、农耕生活的行为方式一旦固化在学校主体日常生活方式中,就会形成消极的态度与行为方式。二是自觉或者说是自为的文化。它是教师自觉的知识或自觉的存在方式与活动方式,是建立在教师日常自然生活方式基础上、健康向上的教师文化,是对自然自发教师文化的改造与重建,旨在形成一种学校大多数教师认同与追求的价值取向、教育理念、职业操守、行为方式。

教师文化创新就是改变教师文化中带有消极性的"自然文化",建立与社会文化发展、学校文化生态建设相一致的教师文化。研究和实践表明,良好的教师文化作为学校文化生态的一部分,滋养着学校各组织的文化设计与实践。正像研究者所指出的那样:"一所学校有了明确的学校文化定位和导向,才有学校各个组织与各种制度的文化设计与实现,才会形成具有某种特质的个体或团队文化。"[1]反过来,学校经过岗位设置、岗位竞聘、岗位锻炼、活动方式更新等系列组织机制运作,也能建立起学校与组织之间、组织与组织之间、学科与学科之间、人与人之间、人与组织和环境之间的广泛关联。一种新的动态平衡的学校生态局面就在由教师基层组织、岗位形成的"团队"和"共同体"中产生,而教师也在合作、共赢、自信、反思、真诚合作、良性竞争的学校

---

[1] 杨小微:《理解当代学校文化生成的多重视角》,载《教育科学研究》,2009(7)。

文化生态中得到滋养。

  基地实验学校校长正是通过管理重心下移、教师岗位增加,为教师领导力提升和长远发展提供了空间保证。通过"助",必要时通过舆论、制度、机制、评价、经费培育,帮助岗位持续发展;通过"推",以岗位竞争、岗位评价(岗位规划、中期检查)方式推进教师领导力的提升,突破教师专业成长瓶颈,形成现代学校制度下的学校发展新格局。

  [李继秀,合肥师范学院教师教育研究中心教授,硕士生导师。]

"三位一体"卓越小学教师协同培养模式的探索与实践

宋德如 刘 雨 张晓旭

【摘　要】基于卓越教师培养计划,滁州学院结合区域教育实际与学校办学定位,通过协同创新制定人才培养方案、设计课程体系、建设实践基地、实施本科生双导师制培养和毕业设计双导师指导制等举措,对"三位一体"卓越小学教师协同培养模式进行了一系列的积极探索,取得了有益的实践经验。

【关键词】卓越教师;"三位一体"培养模式;双导师制

教育部《关于实施卓越教师培养计划的意见》和《关于大力推进教师教育课程改革的意见》明确提出:"要大力开展教育实践活动","建设长期稳定的小学和幼儿园教育实习基地","支持高校教师积极开展小学教育教学改革试验,担任教育类课程的教师要有小学教育服务工作的经历。要聘任小学和幼儿园名师为兼职教师。要形成高校与小学教师共同指导师范生的机制,实行双导师制"。与基础教育实现密切合作已成为新形势下教师教育工作有效开展的重要路径。近年来,滁州学院主动与地方政府和基础教育学校建立教育共同体,搭建合作平台。滁州学院先后与滁州市人民政府、滁州市琅琊区人民政府等签署全面合作战略协议,依托校地 U-G-S 合作(即高校+地方政府+学校)办学,全力构建 U-G-S 协作的教师教育共同体(即"三位一体"),走出了一条基于校地合作、实践育人的卓越小学教师培养之路,构建了高质、高效的高校与地方基础教育协同培养卓越小学教师的创新模式,取得了较好的人才培养效果,赢得了广泛的社会认同。

一、"三位一体"协同创新培养模式的实践探索

(一)依托 U-G-S 协作共同体,搭建卓越小学教师培养高位平台

为了搭建小学教育专业学生发展的高位平台、加强卓越小学教师人才培养,从 2011 年起,滁州学院在与滁州市琅琊区教育局合作办学协议下,深度开展 U-G-S 校地全面教育合作打造卓越基础教育人才培养模式的探索。通过引智办学、引力育人,全面推进合作单位全程参与专业建设、应用型人才培养方案制定、课程教学和质量评估的人才培养新机制。建立志愿支教、顶岗实习、小学名师讲坛、示范说课、外聘教师讲课、实践与毕业论文双导师制、教师挂职锻炼、合作教研等制度,校地联动,实践育人,联合培养卓越小学教师。为建立教师教育共同体,滁州市琅琊区教育局将市区内 25 所小学确定为滁州学院师范教育专业人才培养基地,并建立 4 所示范实习基地,供师范生见习、观摩教学、实习实训和开展教研活动。先后有 40 余名小学优秀教育工作者参与了学生指导和相关课程教学工作。滁州学院充分利用专业资源优势,积极服务地方基础教育事业,承担了滁州市基础教育各类非学历培训任务,开展小学校长、教研员、班主任、骨干教师、新任教师胜任能力等各类培训,完成滁州市"十二五"人才发展规划、滁州市中长期教育人才发展规划、滁州市"十二五"教育事业发展规划的编制和论证工作,选派优秀青年教师到地方教育行政部门、小学、幼儿园挂职,合作开展基础教育课程改革与研究工作。

（二）以卓越小学教师培养为导向，制定教师教育类专业人才培养方案

根据国家和安徽省教育规划纲要、教育部《关于全面提高高等教育质量的若干意见》、中共安徽省委安徽省人民政府《关于建设高等教育强省的若干意见》等文件精神，遵循高等教育发展和人才成长规律，按照"重视基础，增强能力，强化应用，提高素质"的原则，进一步深化教学改革，创新人才培养模式，优化人才培养方案，提高人才培养质量，基于学校的办学定位和师范办学特色，注重提高学生的创新精神和实践能力，着力培养适应地方教育发展需要的高素质人才。在理论研究和广泛调研基础上，邀请基础教育优秀管理者和小学骨干教师参与人才培养方案制定（修订）工作。对小学教育专业人才培养方案的指导思想、培养目标、课程设置、实践教学和学分学时安排等提出了建设性建议。滁州学院邀请基础教育专家参与制定（修订）人才培养方案，完善实践教学体系的工作引起媒体广泛关注，多家媒体均以《培养适销对路应用型人才——滁州学院邀请基层校长修订人才培养方案》为题作了深度报道，产生了积极的社会效应。经过不断的探索与实践，形成了专业目标定位明确、课程架构合理的教师教育应用型人才培养方案，构建了特色鲜明的课程体系，探索出适合滁州教育实际、教育特色的课程体系，有效地为地方培养"下得去、用得上、留得住"的卓越小学教师。

（三）以教师专业化发展为主线，探索"综合培养、学有专长、知行合一"的卓越小学教师人才培养策略

按照教师专业化发展要求，面向基础教育改革和发展的实际需要，坚持"体现综合性、凸显师范性、强化实践性"的教师教育专业办学思路，结合滁州学院"地方性、应用型"的办学定位，基于卓越的"三位一体"的教师教育培养机制，经过多年的人才培养实践，不断探索出"综合培养、学有专长、知行合一"的教师教育专业人才培养策略。

综合培养是指学生素质的全面提高和专业水平的综合体现，培养出来的

学生知识面广、文化底蕴厚,并有较强的艺术修养、人文修养和科学精神,能够适应我国基础教育发展对高素质师资的迫切要求。

学有专长是在综合培养的基础上,学生根据个人的专业与兴趣确定一个专长学科方向,选择一门学科领域作为自己未来从教后的课程发展领域,为某一学科专业发展打下坚实基础。

知行合一是通过建立本科生双导师制,同步开展学科专业课程、教育专业课程以及教育实践,并贯穿整个学习过程。即学生在进行基本知识学习和教师职业技能训练的同时,每学期均安排一定教学周数到协作学校参加教育教学实践活动,将获取的知识付诸实践,以加强职业能力培养。

为合理构建"综合培养、学有专长、知行合一"的教师教育专业人才培养模式,滁州学院建立兼职教师库,开展基础教育名师讲坛、教学示范观摩、顶岗实习、说课研讨、基础教育名师进课堂、本科生双导师制等活动,给小学教育专业学生传授最直接、最有效的教学方式和教学经验,实现高等教育和基础教育合作培养卓越人才的"无缝对接"。系列活动的开展对端正师范生的专业思想、陶冶学生的专业情意、指导学生的专业规划,起到了积极的作用,发挥了良好的育人效应。同时,学校依托地方教育主管部门,将小学作为我校青年教师的"培训中心",选派青年教师到相关单位挂职锻炼,有效地提高了青年教师的实践教学技能和服务地方教育能力。2013年2月,校地合作育人成果——《校地合作实践育人卓越小学教师培养模式的研究与探索》获得了安徽省基础教育课程改革教育教学成果三等奖。

(四)以全程实践教学为基点,全面构建卓越小学教师职业技能训练体系

教师专业化发展的核心是教师的职业素养发展,教师职业技能是教师职业素养的外在表现形式。学校立足滁州,建设基础教育师资培养培训一体化核心基地,着力创建和打造教师职业技能提升的专业平台,全方位构建系统的教师职业技能训练体系。第一,加强实践平台建设。学校系统地建设了教师教育实训中心,形成了集模拟教学、教育技术应用、三字一话训练、心理咨询训练于一体的管理信息化、资源高度共享的教师教育技能实训基地。第二，创新实践教学体系。设置"五位一体"的教师教育实践课程体系，即把实验课程、教师技能训练课程、社会实践课程、教育见实习和综合科研训练等5个方面的实践课程结合起来，构成4年不断线的实践教学体系。第三，构建实践教学模式。在传统的教育见习、实习、毕业论文等实践教学环节的基础上，确立了校内与校外、课内与课外、第一课堂与第二课堂相结合的大实践全程教学观，构建具有鲜明特色的由综合实践、实验教学、技能训练、教育实习、综合科研训练5个环节组成的实践教学模式。第四，丰富实践教学内容。实行一年三学期制，大力开展暑期实践教学小学期活动和大学生创新创业训练计划，充分发挥实践活动对人才培养的作用。第五，强化实践教学基地建设。利用滁州市琅琊区教育局建立的实践教学基地，为小学教育专业学生的认识实习、教育见习、顶岗实习、学年实习和毕业设计（论文）等提供了实践平台。第六，完善质量评价体系，强化实践教学过程管理。制定了实践教学的一系列文件，加强了实践教学规范化建设，建立了完整的实践教学评价体系，对实践教学进行严格的监控和管理，用制度来保证实践教学的实施。

二、创新 U-G-S 协同培养小学卓越教师路径的思考

（一）创新教育理念——注重实践性，突出发展性

坚持"以生为本"和"协同创新"的教育理念，着眼于社会需求和师范生自主发展，通盘考虑教师职前养成与职后生涯发展所需要的知识、素质与能力，加强通识教育，实行跨学科渗透，强化实践能力培养，做到实践教学4年不断线，以极大地增强师范生的适应能力与发展后劲。

（二）创新培养方案——注重学术性，突出师范性

在强调小学卓越教师培养过程中的实践性的同时，也应关注实践过程中的学术问题，依托 U-G-S 协同培养机制，整合学术性与师范性，精心设计培养方案，加强对"三位一体"培养模式的探索与实践。

（三）创新培养途径——课内外结合，校内外联动

在 U-G-S 协同培养框架下，充分利用校内优质教育资源，吸纳地方教

育行政部门和基层小学参与师范生人才培养,积极探索双导师制实践最优培养途径,不断实现理论与实践教学相结合、校内外导师培养方案相融合。

(四)创新管理机制——坚持团队合作,整体推进

U-G-S协同培养机制要求创新管理机制。在管理机构建设上,建立由高校和地方教育行政部门及小学组成的U-G-S管理机构。在管理队伍建设上,强调团队合作,整体推进。在管理制度建设上,建立完善、规范的教育教学管理制度,形成发展性的质量评价制度,为人才培养质量提供保障。

[宋德如,滁州学院教育科学学院院长,教授;刘雨,滁州学院教师;张晓旭,滁州学院教师。]

皖南山区农村教师从教动机研究*

孙晓青　陈立钢

【摘　要】 通过对皖南山区农村教师进行问卷调查,探究其从教动机。数据显示,在皖南山区农村教师从教动机中,内部动机起决定作用,外部动机其次;退休教师的从教动机无论是内部动机还是外部动机都高于年轻教师的从教动机;农村学校生源流失、农村教育面临困境等等。本文针对上述问题提出解决对策:提高农村教师发展空间、保证农村学校生源不流失、城乡教育资源均衡配置等措施,缩小城乡教育差异,促进城乡教育质量均衡发展。

【关键词】 皖南山区;农村教师;从教动机

农村、农业、农民一直是国家关注的特殊领域,如何拉动农村经济发展、提高农民生活水平,也是一项需要攻克的课题。古语说:"授人以鱼,不如授人以渔。"要想从根本上改善农村生活生产环境,缩小城镇和农村的差距,最

---

* 安徽省高校人文社科重点研究基地重点招标项目"社会性软件支持下的教师实践性知识建构研究"(SK2014A088)、安徽省教育科学规划课题"农村留守儿童同伴拒绝对问题行为影响研究"(JG14158)。

重要的还是要提高农民的科学技术水平,要从农村儿童的教育抓起。而目前,农村教育不可否认地还存在许多迫切需要解决的问题,主要表现在:教师资源配置不均衡、年龄结构不合理;教师整体素质不高;教师编制结构不合理;教师调剂余缺困难;教师待遇保障不全;教师缺少有效培训。[①]

本文主要通过分析皖南山区农村教师的调查问卷结果来探究他们的从教动机。在对这些动机的研究中,归纳出最重要的几个方面,并针对结果提出可行措施,鼓励教师到农村工作。

一、研究过程

(一)研究样本

此次研究是以在皖南山区各地随机选出的 40 名教师作为被试,然后对他们进行问卷调查。其中男教师 20 人,女教师 20 人;30~39 岁的有 6 人,40~55 岁的女性和 40~60 岁的男性共 14 人,55 岁以上的女性和 60 岁以上的男性有 20 人;教文科的有 20 人,教理科的有 20 人。

(二)研究方法

此次研究采取的调查方式是发放调查问卷进行数据采集,问卷由 11 个内部动机和 18 个外部动机项目组成。将类型相同的项目进行归类,结果内部动机分为 10 类、外部动机也分为 10 类。问卷内容包括被试的性别、年龄、所授科目等个人信息和涉及动机类型(内部动机或外部动机)的项目两部分组成。共发放问卷 50 份,收回有效问卷 40 份,有效回收率为 80%。所得数据分别通过 Excel 软件和 Spss 软件(13.0 版)进行录入和分析。

(三)研究理论

皖南农村教师的从教动机可以分为内部动机和外部动机两大类别,内部动机有实现自身理想、情感的深入、提高自身修养等几大方面;外部动机有地

---

① 姚宏昌:《关于农村教师队伍建设的思考》,载《教育发展研究》,2007(24)。

缘、业缘、经济因素、血缘等几大方面。从被试对问卷中所设问题的回答可以分析出内部动机和外部动机在他们从教动机中的情况，再结合他们的个人资料，可以用统计学方法研究出两者之间的关系程度。

二、数据统计

（一）皖南山区农村教师从教动机主要是以内部动机为主

从调查表可以看出，占绝对优势的选项有："都教了这么多年了，就一直教下去了"；"有种被需要的感觉，觉得幸福"；"对学生、职业有了更深的感情"。这些选项都带有浓厚的自身感情色彩，属于典型的内部动机因素。可以看出，农村教师的从教动机是以内部因素为主的。农村教师选择在环境不太优越的农村教学，更多的是因为自身的愿望和意愿，他们甘愿在农村教学。另外，"生于斯，长于斯，学成归来，为家乡教育贡献份力量"；"自己家就在农村，就近择业"；"家就在这儿，不想四处漂泊"和"只是觉得教师比较稳定，在农村也一样"等选项也占有很大的比重。除了典型的内部动机之外，农村教师从教的外部因素也不能忽视，其中一个很典型的代表就是地缘因素。很多教师选择在农村从教是因为这里就是他们的家乡，他们自小就生活在这里，除了回报家乡、为家乡做贡献的原因之外，可能也同皖南农村居民的"生儿养老"观念浓厚有关。

（二）皖南山区农村教师从教动机的性别差异

表1 男女教师内部动机差异对比

group		t	df	Sig. (2-tailed)	Mean Difference	95% Confidence Interval of the Difference	
						Lower	Upper
男	x	12.012	19	0.000	5.23487	4.6758	6.2654
女	x	12.836	19	0.000	5.51613	4.6385	6.3938

表2 男女教师外部动机差异对比

group		t	df	Sig.(2-tailed)	Mean Difference	95% Confidence Interval of the Difference	
						Lower	Upper
男	x	13.551	19	0.000	5.58824	4.7741	6.4024
女	x	12.688	19	0.000	5.48387	4.6011	6.3666

表中显示,男性教师从教的内部动机(t=12.012,p=0.05)低于女性教师的内部动机(t=12.836,p=0.05);而男性教师从教的外部动机(t=13.551,p=0.05)则高于女性教师(t=12.688,p=0.05)。这与前人的数据分析——男教师的内部动机非常显著地低于女教师(t=-4.074,p=0.0001)存在差异。[①]从另一方面看,男教师的外部从教动机要大于内部从教动机,而女性教师的内部从教动机和外部从教动机并无显著差异。在外部动机方面,男教师更注重工作的客观条件、外部环境,更多地考虑到自身发展的空间,在农村从教更多地是为了今后有更好的发展,外部动机显著;女性教师更注重职业的稳定性,外部动机较男性要弱。在内部动机方面,女性的情感更为丰富,更容易与学生建立良好的师生关系,投入感情较多,内部动机较明显;而男性教师则更为理性,视教学为一项工作。与女教师相比,对学生的感情投入明显较少。

(三)皖南山区农村教师从教动机的年龄差异

表3 在岗教师与退休教师的内部动机差异

group		t	df	Sig.(2-tailed)	Mean Difference	95% Confidence Interval of the Difference	
						Lower	Upper
在岗	x	4.276	19	0.000	3.47368	2.1465	5.3684
已退	x	7.567	19	0.000	4.75862	2.7925	6.4684

---

① 马莹、赵志纯:《农村教师从教动机调查研究》,载《现代教育科学》,2007(8)。

表 4　在岗教师与退休教师的外部动机差异

group		t	df	Sig.(2—tailed)	Mean Difference	95% Confidence Interval of the Difference	
						Lower	Upper
在岗	x	3.245	19	0.000	4.58812	3.3378	5.2938
已退	x	6.679	19	0.000	5.85571	5.6126	7.0081

从表 3 和表 4 中可以看出,退休教师的内部动机($t=7.567, p=0.05$)和外部动机($t=6.679, p=0.05$)都要高于在岗教师($t=4.276, p=0.05$; $t=3.245, p=0.05$)。在岗教师和退休教师存在这种差异的原因为可以归为时代背景不同。退休教师从教的时期是在 20 个世纪六七十年代,当时的农村教师拥有很高的地位,被称为"教书先生",他们的从教动机不管是外部的还是内部的都比较高,而现在在岗教师所处的时代与那时候有很大的差异,教育的普及使人们对教师不再盲目崇拜。另外,现在教师的教育角色也同以前有很大差异:以前的教师往往是多面手,综合素质非常强,与学生相处的时间富余;现在的教师分工更加精细,科目分门别类,与学生相处时间较少,而且各种职业如雨后春笋般涌出,人们开始奉行"行行出状元"的观点,教师不再是"香饽饽",开始变得平凡起来。在经济飞速发展和工业社会不断前进的时代,职业的丰富使人们认为在教育书育人之外,还有其他更好的谋生手段。

(四)文理科教师的从教动机差异

表 5　文科教师和理科教师的内部动机差异

group		t	df	Sig.(2—tailed)	Mean Difference	95% Confidence Interval of the Difference	
						Lower	Upper
文科	x	6.356	19	0.000	4.48345	5.0935	6.9065
理科	x	4.478	19	0.000	3.35622	4.1385	6.4455

表 6　文科教师和理科教师的外部动机差异

文科教师与理科教师的内部动机差异

group		t	df	Sig.(2-tailed)	Mean Difference	95% Confidence Interval of the Difference	
						Lower	Upper
文科	x	5.326	19	0.000	5.37721	4.3811	6.2023
理科	x	4.789	19	0.000	5.24557	4.1565	6.6745

由表 5 和表 6 可以看出，文科教师从教动机中的内、外部动机（t＝6.356，p＝0.05；t＝5.326，p＝0.05）均高于理科教师的内、外部动机（t＝4.478，p＝0.05；t＝4.789，p＝0.05），文科教师的内部动机高于外部动机，而理科教师的外部动机高于内部动机。这就说明，文科教师更看重自身感受，理科教师则更在意客观条件。这与学科性质有一定关系，因为文科教师和理科教师的特质不同。一般来说，文科教师的言语表达能力要高于理科教师，而理科教师的逻辑思维能力更强一些。

三、讨论与建议

（一）数据分析

1. 被试年龄特点

和以往研究得出的数据相比，此次研究中整个被试群体年龄偏大，所以从教动机归因存在差异。从从教人员是否退休来看，退休人员的内部从教动机和外部从教动机都远大于未退休教师。由此可以判断，老一辈教师在农村从教的内部动机要大于现在的年轻教师。为什么调查中平均年龄趋于老龄化、退休人员占多数？是巧合还是事实如此？由于样本有限，不能下定论。但这也给我们一个启示：出现农村教师老龄老化的现象不是没有原因的，由于农村教育在很多方面存在不足，无法吸引年轻教师，有的学校甚至十几年没有进新教师。这样一来，生源就会不断减少，而这又导致如果学校想要引进年轻教师很可能就超编了，这种恶性循环不可避免地导致农村教师老龄化倾向。某县提供的资料表明,该县小学教师平均年龄已达 51.2 岁。[①] 这也从侧面反映了农村吸引教师能力薄弱的现实。

2. 被试性别特点

从性别上看,男性的从教动机(不管是内部动机,还是外部动机)要大于女性;从教师所授科目性质看,教授文科的教师的从教动机要大于教授理科的教师。随着时代的变化,女教师以往的高内部动机也逐渐开始趋于弱化,而且她们越来越多地考虑外部因素。

3. 被试从教其他因素

从问卷调查结果还可以看出,农村教师都希望薪资待遇还可以再涨。在农村当教师还有一个很重要的因素——地缘关系,也就是说,不少农村教师是因为本来就生长在农村,没有太大的落差感;在农村从教,有的人会处于一种安逸的状态,没有继续深造的念头,可以说是安于现状,失去了进取心。这些老师"坚守"在农村教学岗位上,维持着目前农村的教育现状和教育水平,至于教学效率和质量,就有待进一步探究了。

(二)意见和建议

1. 发展空间差异是形成城乡教师差异的重要原因

农村教师中的年轻一代更看重客观环境条件的优劣,更注重自己的发展空间,这些切实利益如果能得到保障,他们就会以更大的决心投身到农村教育之中。国家教育部教师司《关于做好 2014 年特岗教师在职攻读教育硕士专业学位工作的通知》规定,为贯彻落实《教育部　财政部　人事部　中央编办关于实施农村义务教育阶段学校教师特设岗位计划的通知》和《教育部关于做好 2010 年"农村学校教育硕士师资培养计划"实施工作的通知》精神,支持特岗教师在职学习和专业发展,吸引更多优秀人才到农村学校任教,决定 2014 年继续组织开展服务期满留任特岗教师在职攻读教育硕士专业学位工作。另外,教育部《关于实施卓越教师培养计划的意见》中,明确提出引导师范生树立长期从教、终身从教信念。建立完善师范毕业生就业服务体系,鼓

---

① 曾春香、李德新:《农村师资队伍现状及对策研究》,载《教育与职业》,2007(18)。

励引导师范生到基层特别是农村中小学任教等。诸如此类工作的开展推进，将极大地鼓励更多优秀人才到农村学校任教。

2. 生源不断从农村转向城镇，导致农村教育质量低下

农村生源流失是导致农村教师流失和农村教育质量低下的原因之一。《礼记·学记》："是故学然后知不足，教然后知困。知不足然后能自反也，知困然后能自强也。故曰教学相长也。"意为教和学两方面互相影响和促进，才能都得到提高。由于城镇化快速发展，大量农村人口迁到城市，促使大量农村优质生源流入城市。这种情况直接导致农村教师从教积极性低下和教学效果差，农村教师个人成就感低，农村教育质量低下。① 加大农村教育投入和建设，在人、财、物上给予有力保证，吸引广大生源留在本地，是提高农村教育质量的有力保证。

3. 城乡教育资源差异是形成城乡教育质量差异的重要原因

虽然数据显示农村教师从教动机中的内部动机是高于外部动机的，但是从样本的教龄方面考虑，不同于已退休农村教师，农村教师中的年轻一代更看重客观环境条件的优劣，他们更注重自己的待遇。政府相关部门应该增加农村教师的在编名额，提高农村教师的福利待遇。同时建立定期流动制度，鼓励青年骨干教师循环支教。对于薄弱学校缺少学科专职教师问题，采取让教师跨校任课的方式实现教师资源共享来解决，而且要在政策上给予保障，解除教师的后顾之忧（如教师子女入学问题等）。只有实行教师全员流动，才能从根本上实现教师资源的均衡配置。② 为此，我国需从国情出发，对教师流动程序、对象、地区、期限以及身份管理、绩效考评和激励机制等方面进行系统考证，进而构建完善的城乡教师定期流动制度。③ 另外，教学装备也要统一筹措，重点倾斜。

---

① 张淑清：《贫困山区教师教学行为调查与分析——以山西省忻州市为例》，载《中国教育学刊》，2009(1)。
② ③ 柯玲、赵燕：《城乡教育互动发展联盟模式研究——以成都市为例》，载《教育研究》，2013(7)。

只有农村教师源、生源充足而且优质,教学资源均衡,①农村教育质量才有希望得到提高。只有解决好教师从教的地域歧视问题,对农村教师和城镇教师一视同仁,平等对待,优秀年轻教师在农村长期驻扎才会成为可能。

［孙晓青,合肥师范学院教师教育研究中心教授;陈立钢,巢湖学院讲师。］

---

① 夏茂林、冯文全:《教师资源均衡配置问题探讨》,载《教育科学》,2010(1)。

调研与监测

对乡村教师培训工作和乡村教师发展路径问题与对策的调查研究

——以A省F县与Q县"国培计划"专项调研为例

潮道祥　邱志飞　钟　鸣

【摘　要】 通过"国培计划"专项调研获取的数据,分析乡村教师的队伍整体状况、培训工作开展情况、能力素质水平、学习方式与教师发展路径,提出乡村教师培训工作的薄弱环节与解决对策、乡村教师发展短板与解决路径。

【关键词】 乡村教师;教师培训;能力素质;学习方式;发展路径

一、基本情况

为明确2015年A省"国培计划"中西部项目和幼师国培项目教师培训的覆盖范围、培训规模、重点任务、推进步骤、管理举措和保障措施等,我们组织开展了"国培计划"专项调研。

(一)调研内容与目标

专项调研工作重点把握本地乡村教师队伍整体状况、乡村教师培训工作开展情况、乡村教师能力素质水平、乡村教师学习方式和乡村教师发展路径等。通过专项调研,明确乡村教师培训工作的薄弱环节,找准乡村教师发展短板,摸清乡村教师培训需求,为进一步完善优化项目设计、有针对性地研制项目规划方案提供依据。

(二)调研时间与对象

专项调研对象包括县级教育行政部门的师训工作管理者,县级教师培训机构,乡村中小学幼儿园(包括乡镇初中、乡镇小学、乡镇幼儿园、村小、教学点、附属幼儿园和附属幼教点)校长、园长和教师,以乡村学校教师、校长为重点。

(三)调研区域与方式

专项调研组深入F县和Q县的中心学校、村小和教学点(含附属幼儿园),采取实地考察、问卷调查、座谈与访谈等方式进行调查。

二、调研分析

调研分析的依据是F县和Q县现场调研的数据。调研对象56人中有乡镇初中、小学、幼儿园教师27人,村小教学点教师29人;校长和园长10人、教师46人。

(一)乡村教师队伍整体状况分析

1.年龄结构

近几年即将退休的老年教师较多且集中在村小和教学点,他们多数为民办教师转正人员。人口大县的年轻教师(含特岗教师)多在教学点,老年教师多在村小;而山区县却与其相反,老年教师多在教学点,年轻教师多在村小。中青年教师和骨干教师多在乡镇初中、乡镇小学和乡镇幼儿园。

表1 乡村教师年龄结构

年龄	合计	30岁以下	31~40岁	41~50岁	51~55岁	56岁以上
人数	56	16	12	9	10	9
比例	100%	28.57%	21.43%	16.07%	17.86%	16.07%

从乡村教师队伍整体来看,30 岁以下教师不足 1/3,31～50 岁超过 1/3,50 岁以上占 1/3。近几年,将有近两成教师退休。

2. 学科结构

教学点、村小缺少英语、音乐、体育、美术、信息技术等学科专职教师,导致教学点无法开齐课程,还有语文、数学教师兼教多门课程的情况;有少数乡镇通过"走教"方式来解决村小和教学点紧缺薄弱学科教师问题。乡镇初中和乡镇小学基本上能够开齐课程。村小附设幼儿园(或学前班)存在"小学化"倾向,附属幼教点"小学化"问题较为严重。

表 2　乡村教师任教学科

小学 44 人	语文	英语	数学	品德	科学	音乐	体育	美术	信息技术	其他		
	31	7	21	10	10	9	7	4	1	4		
初中 6 人	语文	英语	数学	历史	地理	物理	化学	音乐	体育	美术	生物	思想品德	信息技术	其他
	4		2	1				1		1	4			

从乡村教师所教学科情况来看,小学教师人均 3 个学科,初中教师人均 2 个学科。

3. 职称结构

村小和教学点(含附属幼教园点)教师职称偏低,小学高级教师较少;乡镇初中、乡镇小学和乡镇幼儿园教师的中学高级和小学高级结构比例相对于村小和教学点来说略高。这与中青年教师和骨干教师多在乡镇初中、乡镇小学和乡镇幼儿园,年轻教师和老年教师多在村小和教学点的状况一致。

表 3　乡村教师职称结构

职称	合计	中学高级	中学一级(小学高级)	中学二级(小学一级)	其他
人数	56	3	28	13	12
比例	100%	5.36%	50.00%	23.21%	21.43%

从乡村教师现有职称情况来看,中级职称所占比例低,初级职称超过七成,小学二级及未评职称超过两成。

(二)乡村教师培训工作开展情况分析

1. 培训层次

部分村小和教学点教师参加过"国培计划"的远程培训,极少数参加过"国培计划"的脱产研修与短期集中培训。"国培计划"的脱产研修与短期集中培训的参训教师,大多数来自乡镇及以上中小学幼儿园。村小和教学点教师多数在本地县城参加过集中培训(多为年度全员培训的集中面授),有些人没有参加过市级集中培训。教学点开展校本研修比较困难,不能规范、持续进行。

表4 乡村教师参训层次

近3年参训层次	国培计划	省级培训	市级培训	县级培训	校级培训
人数	24	8	12	34	25
比例	42.86%	14.29%	21.43%	60.71%	44.64%

从乡村教师参加培训情况来看,参加过"国培计划"的超过四成,参加过县级培训的超过六成。从校级培训五成不到可以看出,调研对象对校本研修认识有偏差,没有将校内外教研活动理解为校级培训。从表4及表5可以看出,部分教师近3年参加了多层次、多项目的培训,存在重复培训情况。

表5 乡村教师参训项目

近3年参训项目数	0项	1项	2项	3项	3项以上
人数	2	16	24	4	10

2. 培训内容

乡村教师培训以新课程实施和周期年度主题为主要内容。乡镇中小学幼儿园缺乏教学研究专项培训;村小和教学点教师缺乏教育教学工作常规、班主任与班级管理、学生心理健康教育等方面的培训;"特岗教师"缺乏所教学科的针对性培训;需要强化对附属幼教园点教师科学保教"去小学化"的培训。各地比较重视校(园)长任职培训,校(园)长提高培训不能正常开展,需要加强对他们的专项培训(缺什么培训什么),如教育政策法规、教育信息化等。

表6 乡村教师参训内容

近3年参训内容	师德与法制教育	学科课堂教学	心理健康教育	信息技术应用	经典诵读、书法等传统文教育
人数	34	34	23	26	2
比例	60.71%	60.71%	41.07%	46.43%	3.57%

从参训内容来看,六成以上的教师参加了师德与法制教育、学科课堂教学的专题培训,四成以上的教师参加了心理健康教育、信息技术应用的专题培训。

表7 乡村教师专业能力需求

教师需求的培训专题	依法施教能力	教学设计与实施能力	学生心理健康教育能力	信息技术应用能力	专业自主发展能力
人数	22	35	27	30	24
比例	47.83%	76.09%	58.70%	65.22%	52.17%

从教师迫切需要提升的专业能力来看,培训内容依次为教学设计与实施、信息技术应用、学生心理健康教育、专业自主发展和依法施教,也说明这些都是教师需求的培训内容。

表8 乡村校(园)长专业能力需求

校(园)长需求的培训专题	依法治校办学能力	教育改革执行能力	教育综合治理能力	信息化领导能力	专业自主发展能力
人数	5	7	8	2	3
比例	50%	70%	80%	20%	30%

从校(园)长迫切需要提升的专业能力来看,培训内容依次为教育综合治理、教育改革执行、依法治校办学、专业自主发展、信息化领导,这说明校(园)长对信息化领导力和专业自主发展重视不够。

3. 培训方式

乡村教师校(园)长普遍认可脱产集中培训,希望参加"接地气"的跟岗(跟班)"影子培训"和"送教到基层";对"影子学校"(培训实践基地),一些教师校(园)长希望是类型、环境、条件相对接近的城区学校,另一些则希望是大城市的名校;对"送教"团队及方式,教师校(园)长普遍认可名师名校(园)长的"示范—点评—互动"方式。多数认为网络研修(远程培训)的针对性不强、实效性不高,需要学校优化远程网络学习条件、培训机构丰富案例资源并给予持续支持,需要紧密结合校本研修,促进学用结合。

表9 乡村教师校(园)长参训模式

近3年参训模式	集中面授脱产培训	远程培训网络研修	送培送教	校本研修	专家指导
人数	16	41	9	39	10
比例	28.57%	73.21%	16.07%	69.64%	17.86%

从参训模式来看,乡村教师校(园)长外出参加集中培训的不足三成,主要参加的是远程网络学习和校本研修,送培送教和专家指导没有全面开展。

表10 乡村教师培训研修需求

最希望参加的培训研修	集中脱产	网络研修	送教下乡	名校研学	校本研修
人数	8	8	11	21	8
比例	14.29%	14.29%	19.64%	37.50%	14.29%

从表10可以看出,乡村教师需求最高的培训研修是名校研学,也欢迎送教下乡,对集中脱产、网络研修和校本研修的需求不高。

4. 培训时间

村小和教学点教师因工作负担繁重,工学矛盾尤为突出,平时教学时间参加脱产集中培训有很大难度;教学点教师多是"包班"教学或复式教学,平时教学时间离岗学习很难实现。而乡镇中小学幼儿园工学矛盾相对较小,多数教师希望在平时教学时间进行集中培训。较长时间的脱产研修因编制紧张导致工学矛盾突出、历时长的网络研修因条件不具备、校本研修因质量不高,所以并不受乡村教师欢迎。

表11 乡村教师集中培训时间需求

集中培训时间安排与时长	平时教学时间,5~7天	平时教学时间,10~15天	寒暑假,5~7天	寒暑假,10~15天	分散在双休日,每次2天,一年4次
人数	16	7	21	6	6
比例	28.57%	12.50%	37.50%	10.71%	10.71%

从集中培训时间安排与时长来看,四成多教师认可安排在平时教学时

间,近四成教师认可安排在寒暑假,仅有一成教师认可分散在双休日。这与调研对象一半在乡镇所在地、一半在村小和教学点是一致的。

(三)乡村教师能力素质水平分析

1. 学历层次

乡镇初中教师本科毕业占一定比例,乡镇小学教师专科毕业占一定比例,其中部分教师是通过自学考试、电大学习等途径取得大学学历的;村小和教学点教师多为中师毕业,其中民办教师转正人员多通过中师函授取得合格学历,年轻教师多为专科及以上学历;幼儿园教师多为幼师或中师毕业。总体上而言,乡村教师队伍的学历层次有待提高,存在专业不对应、学非所教情况。

表12 乡村教师学历结构

最高学历	研究生	本科	专科	中师(幼师)	中师以下
人数	0	20	20	10	6
比例	0.00%	35.71%	35.71%	17.86%	10.71%

从最高学历来看,本科及专科占七成,中师及以下占近三成,没有研究生学历者。这与乡镇所在地教师、村小和教学点教师的所占调研地区的乡村教师人数比例是一致的,说明村小和教学点教师的学历层次亟待提高。

2. 发展阶段

在调研对象中,村小和教学点5年以下的新手教师和30年以上的教师占绝大多数,熟练教师(6~30年之间)和骨干教师多数在乡镇初中、小学。新手教师(含特岗教师)集中在村小和教学点,这与近年来新教师聘任政策要求相一致。村小和教学点条件艰苦和发展受限是难以留住熟练教师和骨干教师的主要原因。

表13 乡村教师教龄结构

教龄	1~5年	6~15年	16~30年	31年以上
人数	18	6	14	18
比例	32.14%	10.71%	25.00%	32.14%

表 14 乡村教师荣誉结构

教师荣誉	市级以上骨干教师	县级骨干教师	校级骨干教师	其他
人数	1	6	30	19
比例	1.79%	10.71%	53.57%	33.93%

表 15 乡村教师培训者经验

培训者经验	市级以上教师培训者	县级教师培训者	乡镇教师培训者	本校培训者	以上都不是
人数	8	23	10	7	8
比例	14.29%	41.07%	17.86%	12.50%	14.29%

从表13、表14和表15可以看出，乡村教师的专业发展阶段与从教时间、现有职称并不是正相关，能够成为专家型教师的极少，多数处于专业发展的瓶颈期，整体专业能力亟待提高。31年以上教龄的教师和非骨干教师亟待通过培训研修提高专业水平。市县级教师培训能够发挥县级以上骨干教师的作用，但培训者水平偏低，存在拔高使用情况，应重视提升培训者能力。

3. 教师素质

村小和教学点教师几十年如一日地承担繁重的工作，乡镇所在地学校教师工作负担重，他们支撑乡村教育，职业理想坚定。但是，专业能力素质与时代发展和社会进步对高质量乡村教育的需求存在不小的差距，在适应城镇化建设背景下的教育变革和教育信息化方面，现代化教育必备的教师素质缺失还比较严重。调研中还发现，村小和教学点教师及年轻教师普遍缺失教育教学规范，这一现象应该引起高度重视。

表 16 乡村教师素质提升需求

迫切需要提升的教师素质	教师职业理想	教育教学观念	学科教学知识	教师实践性知识	教育教学行为	教育教学管理
人数	28	31	28	33	22	29
比例	50.00%	55.36%	50.00%	58.93%	39.29%	51.79%

从"迫切需要提升的教师素质（多选题）"的样本统计发现，所列6个方面，都被40%的调研对象认同。相对来说，乡村教师最迫切需要提升的素质是"教师实践性知识"和"教育教学观念"，"教师职业理想""教育教学管理"和

"学科教学知识"等素质的提升也较为迫切。

4. 专业能力

从表 7(乡村教师专业能力需求)和表 8(乡村校长、园长专业能力需求)可以看出:乡村教师对依法施教能力、专业自主发展能力和学生心理健康教育能力的重要性认识不够,他们关注的重点是学科教学和信息技术应用;乡村校(园)长对信息化领导能力、专业自主发展能力和依法治校办学能力的重要性认识不够,他们关注的重点是教育治理与改革。在信息技术应用方面,教师和校(园)长的重视程度有较大差异。

从表 14(乡村教师荣誉结构)和表 15(乡村教师培训者经验)可以看出:乡村教师队伍专业能力整体偏低,市县教师培训能力不强,乡村教师校长的专业发展缺乏高质量的支持和服务。对此,需要通过政策保障和采取有效措施(如城乡教师校长轮岗交流、培育高素质专业化乡村教师培训团队等),建立乡村教师校长专业发展支持服务制度机制,切实予以解决。

(四)乡村教师学习方式和乡村教师发展路径分析

1. 学习途径

乡村教师特别是村小和教学点教师工作负担繁重,相对缺少学习的时间和精力,学习条件较差,且缺乏主动学习的动力机制。组织实施教研活动和教师自主学习成为促进教师学习和专业发展的两种主要途径和方式。

表 17 乡村教师的学习途径

经常采取的学习途径	集体备课	听课评课(观课议课)	培训研修	教研科研	自主学习
人数	26	47	26	20	39
比例	46.43%	83.93%	46.43%	35.71%	69.64%

从表 17 可以看出,乡村教师近七成注重自主学习,经常采取的学习途径是听课评课(观课议课),也参加集体备课、教研科研(这也说明村小和教学点的这两条途径基本缺失)和培训研修(说明培训研修一定程度上流于形式,因实效性不强不受重视)。这与表 20(乡村教师、校长、园长参训方式需求)所呈现的结果一致。

2. 成长方向

从表14（乡村教师荣誉结构）可以看出，乡村教师的专业能力处于较低的层次，以校级骨干教师为主（超过五成），还有超过三成的教师在校级骨干教师之外，他们的专业成长层次和发展空间很大。

从表18可以看出，绝大多数乡村教师、校长、园长（校长和园长10人、教师46人）希望自己专业向更高层次发展并获得更高的教师荣誉，极少数教师对自己的发展方向不明确（接近退休的老教师4人）。

表18 乡村教师专业发展方向

专业发展方向	成为名校（园）长	成为名教师/特级教师	成为学科带头人/教坛新星	成为骨干教师/教学能手	不明确
人数	5	15	8	24	4
比例	8.93%	26.79%	14.29%	42.86%	7.14%

3. 发展路径

将表17（乡村教师的学习途径）、表19（乡村教师的专业发展路径需求）和表20（乡村教师、校长、园长参训方式需求）结合起来分析发现，参加专业培训、参与教研活动和进行课题研究，是乡村教师希望采取的专业发展主要路径。专业引领（示范教学和专题讲座）是专业成长的最有效方式。

表19 乡村教师的专业发展路径需求

希望采取的专业发展路径	参加专业培训	参与教研活动	进行课题研究	提高学历层次	不明确
人数	48	33	31	13	1
比例	85.71%	58.93%	55.36%	23.21%	1.79%

表20 乡村教师、校长、园长参训方式需求

对专业成长最有效的培训方式	专题讲座	示范教学	跟岗研修	案例研讨	经验交流
人数	14	28	6	1	7
比例	25.00%	50.00%	10.71%	1.79%	12.50%

从参训方式需求来看，乡村教师校（园）长对示范教学的认可度最高，对案例研讨不欢迎，对专题讲座的需求占1/4。这也说明多种培训方式需要结合使用。

4. 智力支持

表20(乡村教师、校长、园长参训方式需求)也表明,名师示范教学和专家专题讲座受到乡村教师的欢迎,这与表21(乡村教师专业发展智力支持需求)的结果是一致的。

表21　乡村教师专业发展智力支持需求

对专业成长的帮助支持人员	大学教授	专家学者	名校(园)长	名教师	校内外同年段同学科教师
人数	7	35	17	31	30
比例	12.50%	62.50%	30.36%	55.36%	53.57%

从表21可以看出,乡村教师希望的智力支持人员是名师、名校(园)长和"接地气"的专家学者,以及校内外同年段同学科教师,而不是大学教授。这同培训项目绩效考评中教师们对最受欢迎的培训者的认同是一致的。

三、问题与对策

(一)乡村教师培训工作的薄弱环节与解决对策

1. 薄弱环节

综合专项调研获取的数据与材料,A省乡村教师培训重点存在以下薄弱环节。

(1)乡村教师培训工作地位不够突出。主要表现在4个方面:一是没有全面落实加强教师队伍建设的意见中"整合县级教师培训资源,建好县级教师发展中心"的要求,大多数县(市、区)仍处在县级教师培训机构、教研和电教等部门的功能性整合状态;二是省有关教师培训经费保障政策没有落实到位,不少地方县财政不能"足额落实本级培训专项经费,学校按不低于公用经费5%列支培训经费";三是县级教师培训机构建设发展得不到足够重视,办学基本条件薄弱,师资队伍缺旧弱闲,特别是培训信息化发展滞后,管理现代化水平较低,培训专业化能力较差;四是校本研修规范化制度和常态化机制没有全面建立,村小和教学点校本研修工作不能正常开展,对乡镇初中、小学和幼儿园校本研修支持服务不能正常化、持续化。

(2)乡村教师培训团队作用发挥不充分。实施全员培训和指导支持服务校本研修的县级乡村教师培训团队,在多数地方采用专兼结合的方式,组织比较松散,管理比较粗放,对培训团队建设、管理、使用及专兼职培训者能力提升重视不够。

第一,培训团队规模小,不能满足支持服务校本研修常态化的需要。

第二,专职培训者培训专业化水平不高,因不够"接地气"而不受一线教师欢迎;兼职培训者以县级及以上骨干教师教研员为主体,他们强于学科教学与教研,但弱于培训教学与指导。

第三,兼职培训者的管理主体在中、小学和教研机构,以自身的教学教研工作为主,对兼职培训者的激励与制约机制往往形同虚设。

第四,对兼职培训者的教师培训专业化培训项目较少,难以覆盖全体兼职培训者。

(3)乡村教师培训内容实用性不强。乡村教师队伍的实际决定了培训目标的定位和培训内容的选择,教师培训应该"雪中送炭""缺什么培训什么",迫切需要实用性强的培训内容。以往培训内容对于乡村教师来说,实用性不强的表现有3点。

首先,制定的教师培训标准偏重知识能力构建,问题导向欠缺,导致学非所急、学非所用。

其次,不分学校区位的教师培训,城市化倾向明显,对乡村教师特别是村小和教学点教师影响有限,起不到转变观念、变革行为的作用。

再次,乡村教师缺失的能力素质得不到及时的提升,如教育教学工作规范、兼教学科教学设计与实施、复式教学实施等。

(4)乡村教师培训方式的实践性不足。

第一,调研结果表明,乡村教师、校(园)长欢迎的培训研修方式方法主要包括名师示范教学、名校研学、跟岗(班)研修等。然而,目前的乡村教师培训,不论是脱产研修、集中培训,还是远程培训(网络研修),基本上都是专家讲座,而案例研讨和经验交流很不充分,实践性严重不足。

第二,名师示范教学、名校研学、跟岗(班)研修等方式,对乡村教师来说,一是受益面狭小(主要针对县级以上骨干教师),二是名师名校与乡村教育教学实际差距很大。

第三,乡村教师参加的高层次培训多是远程培训(网络研修),该方式目前还难以真正做到与校本研修有效整合,难以实现学用结合、学以致用。

2. 主要应对策略

基于对上述重点薄弱环节的分析,提出以下解决对策:

(1)整合县级教师培训资源,建好县级教师发展中心。通过县级教师发展中心的建设与发展,切实突出培训工作主体地位。从而实现与教师培训机构、教研和电教等部门的整合;足额保障教师培训经费;改善办学软硬件条件,实现教师培训工作的信息化、现代化和专业化;建立健全校本研修规范化制度和常态化机制,实现支持服务的正常化、持续化。

(2)加强乡村教师培训团队建设、管理和使用,提升专兼职培训者能力素质。采取专兼结合方式,以骨干教师和教研员为主体,建设够用、有为、满足需要、相对稳定的培训团队;实施培训团队能力素质提升计划,打造一支"用得上、干得好"的县级教师培训团队;完善和优化兼职培训者管理与使用的激励与制约机制,为他们创设"愿出力、能出效"的良好使用环境。

(3)建立分区位的乡村教师培训新体系,针对乡镇学校、村小、教学点工作实际和不同需求,进行分类、分科、分层培训。坚持"雪中送炭""缺什么培训什么"原则,培训内容落实问题导向、实践取向,杜绝"城市化",不求"高大上"。

(4)采取"接地气"的乡村教师培训方法,坚持"学用结合、学以致用"。推行名师示范、名校访(研)学、跟岗(班)研修、研课磨课、案例研讨和经验交流等方法;加大"送培送教"力度;推进网络研修与校本研修整合培训。

(二)乡村教师发展的短板与解决路径

1. 主要发展短板

从专项调研的结果与分析来看,A省乡村教师专业发展的短板主要在两个方面:

(1)学习文化缺位。调研数据表明,目前乡村教师学习途径中最倚重的是传统意义上的教研活动,特别是听课评课(观课议课),以及自主学习。座谈访谈中,教师们普遍反映工作负担繁重,缺少学习的时间和精力。实地观察发现,多数村小和教学点学习文化建设薄弱,有组织的学习大致只有常规教研活动和教师培训,没有形成基于学校发展的教师学习文化。同时,区(县)域和乡镇有组织的教师学习共同体还没有全面建成,或者不能正常开展专业学习活动。

(2)学习支持缺乏。乡村教师学习支持缺乏的主要表现:一是地方教育行政部门对乡村教师学习文化建设的重要性认识不足;二是有组织的学习制度与机制没有建立健全,难以促进学校重视教师学习文化建设;三是缺乏教师学习的多方智力支持,乡村教师期待的智力支持人员(名师名校长园长、"接地气"的专家学者和校外同年段同学科教师)很难长期给予支持,且乡村教师培训团队作用没能很好发挥;四是缺少对乡村教师日常教育教学跟进式支持的信息化平台和数字化资源。

2. 基本解决路径

去除乡村教师学习动力生成问题之外,针对学习文化缺位和学习支持缺乏,提出两条解决思路与途径:

(1)以教师学习共同体建设为抓手。主要通过"研训用"一体化的教师学习文化制度机制,形成立足学校发展、促进教师发展和为了学生发展的学校文化,做实校本研修,做好教师培训,提升教育质量。可以借助教育信息化条件支撑的教师网络研修社区,通过"教师工作坊"和"名师工作室"等,建设区(县)域、乡镇和学校互通互联互动互助的区域性教师学习共同体。

(2)建立健全教师学习制度与机制。在教师学习文化统领下,进行教育教学、教学研究和教师培训等区域性教师制度完善和机制重建;加强区(县)域乡村教师培训团队建设,并引进高校和区域外名校名师等发展性资源,保障乡村教师学习智力支持;依托并改造教育信息化平台,开发数字化学习资源,保障乡村教师日常教育教学的跟进式支持。

〔潮道祥,安徽省师训干训与教师资格认定指导中心主任;邱志飞,蚌埠市中小学教师进修学校教师;钟鸣,霍山县教师学习与资源中心高级讲师。〕

中西部地区农村中小学课程改革中的问题与对策

杨建锋　刘　佳

【摘　要】当前我国中西部地区农村中小学在实施课程改革的过程中存在不少问题：教学基础设施落后，教师教学思想观念保守、固化，缺少家长的理解与支持等，这些都在一定程度上制约着课改的进程。通过扩大中央和省级财政转移支付比重，平衡地区、城乡间差距，出台系统、有效的农村师资补充与培训政策，促进教师与家长的沟通渠道等，或许可以有效破解难题。

【关键词】中西部地区；农村中小学；课程改革；问题；策略

《基础教育课程改革纲要（试行）》（以下简称《纲要》）的出台，标志着我国新一轮基础教育课程改革的全面启动。为了确保课程改革目标的有效实现，《纲要》对教学过程等提出了新的要求。新的课程改革以"素质教育"为指导思想，关注学生的全面发展与生命价值。①

在现实中，任何区域欲打破常规和习惯，实践新的改革措施，总是会遇到各种各样的问题与困难，尤其是对于区域中那些落后及保守的地方，此类情

---

① 张蓉、洪明：《我国中小学教学改革30年历程回顾》，载《基础教育》，2012(10)。

况常常更为复杂和严重。一般而论,明晰这些落后及保守的地方在改革的过程中存在的问题,分析其中缘由并提出对策解决,往往能极大程度地推进改革在整体层面上的顺利实施。对改革而言,研究和了解这些地方意义重大。就课程改革而言,中西部农村中小学显然就是区域中较落后和保守的地方。十几年来,作为我国基础教育的薄弱区,中西部农村中小学在实践课程改革的过程中面临着哪些问题,什么原因导致了这些问题,以及应该如何解决此类问题,值得我们关注与探究。

一、中西部地区农村中小学课程改革中的问题透视

新一轮课程改革强调,教师在教学的过程中要积极与学生互动,增进共同发展,要妥善处理好传授知识与培养能力之间的关系,要重视培养学生的独立性与自主性,引导学生质疑、调查、探究,在实践中学习,并且促进学生在教师指导下进行主动地、个性化地学习。新的课程改革还要求,教师应尊重学生的人格,关注学生的个体差异,满足学生不同的学习需要,主动创设能引导学生主动参与的教育环境,激发学生的学习积极性,培养学生掌握和运用知识的态度和能力,使每个学生都能得到充分的发展。① 新教改的相关要求和思想体现了生命教育的价值与意义,无疑有利于学生的全面发展。从教育本质以及政策执行的角度出发,各地中小学有必要认真履行新课改的相关规定与要求。然而在现实中,受主客观因素的影响,我国中西部的农村中小学在课程改革的过程中却面临着一系列的问题。

(一)教学基础设施落后

众所周知,教育活动由三大要素构成:教育者、受教育者、教育媒介。教育活动欲求顺利地开展,除了需要教师与学生外,还依赖于一定的教育媒介。基于不同的教学活动以及不同的教学目标,教育媒介的选择往往各不相同。有效的教育媒介选择有助于提高教学效果。广义上看,学校的教学基础设施均可以视为潜在的教育媒介。因而学校教学基础设施的完善能够为教育活

---

① 参见《教育部关于印发〈基础教育课程改革纲要(试行)〉的通知》。

动提供多样的教育媒介选择。然而对当前中西部农村的中小学而言,现实情况却是普遍存在着教学基础设施落后的问题。目前,许多中西部中小学可以选择的教育媒介还停留在20世纪的水平。教师依旧主要通过课本、黑板和粉笔来完成教学。学生获得知识也主要是通过课堂上教师讲授。学校里面没有语音室、图书馆、实验室等基础设施;教室里没有电脑、投影仪等多媒体设备。新课改强调学生要在实践中学习,强调要培养学生的个人探究能力。为达到这些目的,显然需要学校能够提供多样的教育媒介予以支持。但是中西部农村中小学的教学基础设施现状,却难以满足新课改的相关教学要求。以初中物理教学为例,按照新课改要求,理想层面应该是学生实践操作相关的物理仪器,从实践中发现和了解相关物理原理,但是许多中西部的中学没有物理实验室,或者是没有足够多物理仪器提供给学生进行实践操作,因而只能采用教师讲授或演示的方式来完成教学。由此可见,教学基础设施的落后制约了中西部中小学课程改革的推进。

(二)教师教学思想观念保守,教学行为固化

随着新课改的实施,传统的教师角色受到了挑战,教师们习惯了的思维方式和行为必将改变已是不争的事实。一线教师需要解放思想,调整好心态,重新审视和理解教师职业。然而当前在中西部农村中小学,许多教师基于自身能力不足而存在着排斥新课改的现象。一方面表现为教师思想观念保守,固守于以往的教学经验,不愿意尝试新的教学方法。面对新课改,一些教师甚至愤慨地表示"我觉得连课也不会上了"。有针对中西部农村中小学教师对课改的态度的调查显示,当被问及"您愿意放弃原有的教学模式吗"时,表示不愿意的教师比重为46.9%,表示基本不愿意的教师比重32.7%,表示基本愿意和愿意的教师比重分别为14.2%和6.2%。[①] 由此可见,整体上教师教学思想是保守与固化的。在传统教学中,教师是课堂的中心,是课堂的主讲人,学生主要通过教师的讲授获得知识,这是许多农村中小学教师心中根深蒂固的教学观念。另一方面表现为,教师普遍缺乏满足新课改教学

---

① 肖正德:《农村中小学教学改革中的文化冲突问题研究》,西北师范大学论文,2008。

要求的能力。新课改对教师的知识结构、教学和科研能力以及教学手段等，都提出了新的标准与要求。教师必须具有运用多种教学方式的能力，要能利用包括网络在内的多媒体技术进行教学，等等。但是目前的状况是，面对这些能力要求，许多中西部农村中小学教师普遍感觉自身的素质和能力与之相去甚远，因而即使有心践行新课改，也是"心有余而力不足"。

(三)缺少家长的理解与支持

在农村，家长们仍然把孩子的升学视为跳出"农门"的唯一出路，因而他们在乎的往往也只是孩子的最终考试分数。在这样的传统观念下，面对新课改的相关要求和做法，家长们常常会表现出质疑，甚至是直接反对。新课改强调教学要调动学生的主动性，要引导学生在探索中学习。家长们普遍认为这就是"瞎捣蛋"，让学生自己学习肯定学不好。"严师出高徒"是许多农村家长多年来一直信奉的教育真谛。在家长的心目中，教师讲授、学生认真听讲，学生课后练习，按这样的顺序学下来，学生才会取得较好的考试成绩。如果缺少家长的理解与支持，学校和教师即使有条件、有心、有能力进行课程改革，实际效果也往往难如人意。2011年，笔者所在的学校开始全面实行课程改革，全校教师在参观学习后分别在各自班级采用新的教学方法，积极调动学生自身学习的积极性和主动性。刚开始一段时间效果还比较明显，课堂氛围也比以前活跃了许多。但是后来却遭到不少家长的反对，许多家长来学校向教师了解情况，并且要求教师对孩子严格一些。与此同时，学生在家里也受到家长的严格控制。许多家长仍然采用传统的教育方式来教育孩子，根本不予配合。在缺少家长理解和支持的情况下，学校的课程改革最终难以推进，有的不了了之，教师教学又回到了原来的轨道上。

二、中西部农村中小学课程改革问题的成因分析

(一)中西部农村基础教育经费长期投入不足

改革开放以来，我国农村教育投入体制在经历了一系列的变革以后，最终形成了以中央财政转移支付为核心、省级政府负责统筹落实、县负责管理

的制度。虽然自2007年全面实行义务教育免费政策以来,农村义务教育被全面纳入公共财政保障范围,但是仍然无法消除农村教育长期投入不足的痼疾。当前中央和省级财政增加的转移支付资金,往往只能填补实施免费义务教育后农村学校减收的学杂费缺口。但是由于其转移支付的标准较低,很难完全弥补学校减少的学杂费,造成在实施免费义务教育之后,绝大多数县的教育总经费收入减少。在这样的背景下,县与县之间的差别很快就体现出来了。相关研究表明,县内差异对教育经费投入总体差异的贡献率在50%到70%之间。① 在我国,不同县域之间由于经济发展的水平各异,能够投入的教育经费额度往往不尽相同。对于中西部的县而言,教育经费的投入低于东部,甚至许多经济落后的县长期处于教育经费投入不足的境地。此外,由于我国存在城乡二元差异结构,就同一个县而言,城镇学校的教育经费投入又常常会多于农村学校,农村学校在教育经费投入中总是处于弱势地位。这样综合起两方面的因素,累加起来就必然造成我国中西部农村基础教育经费的长期投入不足,也自然导致中西部地区中小学在教学基础设施建设上的落后,很显然也在一定程度上影响了课程改革的推进。

(二)师资结构不合理,师资培训流于形式

中西部农村中小学教师教学思想观念保守、固化,相关课程改革能力欠缺,主要有两方面的原因:一是农村师资结构不合理。农村师资结构不合理反映在教师的学历结构、年龄结构上。根据2010年《中国教育统计年鉴》上的数据,2010年全国城市小学专任教师总数947337人,其中研究生毕业为4397人(占总数0.5%),本科毕业为456547人(占总数48.2%),专科毕业为414753人(占总数43.8%),高中阶段毕业为70716人(占总数7.7%);全国农村小学专任教师总数3190526人,其中研究生毕业为955人(占总数0.03%),本科毕业为484681人(占总数15.2%),专科毕业为1784549人(占总数55.9%),高中阶段毕业为897228人(占总数28.1%)。② 从中可见全国

---

① 杨斌:《农村教育投入:绩效、机制与模式》,西南大学论文,2011。
② 谢焕忠:《中国教育统计年鉴(2010)》,北京:人民教育出版社,2011。

农村教师在学历结构上与城市教师存在的差距。而对于中西部中小学而言，两者间的差距更是明显。在年龄结构上，中西部农村中小学教师存在年龄结构老化、教师的平均年龄高于城市教师的平均年龄的情况。[①] 高学历教师人数的不足，往往会影响整体的教学能力以及对新课改的适应能力和态度。而年龄结构的老化，容易造成整体上教师教学思想观念的保守，形成封闭的教师群体文化。二是师资培训的不足与欠缺。师资培训作为教师继续学习、提升自我的重要途径，通常能起到弥补不足的效果。就中西部农村中小学的新课改而言，如果教师能够接受到系统而有效的培训，便能提高教师实践新课改的能力，激发教师参与新课改的积极性的。当前中西部农村中小学也通过网络学习和讲座的形式开展了一系列师资培训活动，但是往往效果不佳。一方面是因为相比较而言现有的师资培训仍然有限，培训的方式也过于单一；另一方面是因为培训往往重形式、轻实质，教师们积极认真参与培训的意愿不够强烈，缺少严格监管。

（三）学校教育与家庭教育缺乏良性沟通与互动

一般而言，教育包括学校教育、家庭教育和社会教育。任何教育欲真正实现其目的，必须建立起三者之间的良性互动。在中西部中小学的新课改实践过程中，遭到了家长的不理解与反对，很显然是由于学校教育与家庭教育缺乏良性的互动。学校教育受课改实践和课改思想的影响，而家庭教育受家长的教育思想观念影响。一般来说，家长的教育思想观念依附于学校教育的要求与目的，具有稳定性，两者不存在明显的对立。然而一旦学校调整教学思想，践行新的教学标准和要求，而家长还固守以往的教育思想观念时，就会造成家长教育认知上的失衡，进而诱发对抗。毋庸置疑，当前农村家长的教育思想观念仍然囿于传统，与新教改的思想存在冲突与矛盾，容易导致学校教育与家庭教育的不协调。正如本文前面所举的例子，一些学校就是因为在实践新课改的过程中，没与家长事先进行沟通，使得学校教育与家庭教育不

---

① 石颂德、肖坤华：《教师年龄结构老化成为当前农村教育发展的障碍》，载《湖南教育》，2004(18)。

协调,最终导致新课改的失败。学校教育的顺利开展离不开家庭教育的支持与配合。实行新课改,学校有责任和义务同家长进行沟通和交流,引导家长改变以往的教育思想、观念,继而改变家庭教育方式。

三、破解中西部农村中小学课程改革问题的应对之策

(一)扩大中央和省级财政转移支付比重,有效平衡地区城乡间的差距

中西部农村基础教育经费长期的投入不足,使得其中小学教学基础设施落后,从而影响了新课改的实施。因而,为了实现新课改的目标,我们有必要通过加大对中西部农村中小学的财政投入来改善其基础设施。然而在现实的情况下如何增加财政投入呢?显然不能停留于文字上的泛泛而谈,必须拿出实际有效的措施。笔者认为,可以通过两条途径来实现这一目的。首先,扩大中央和省级财政转移支付比重,从总量上增加。在目前的经济发展状况下,县级财政增加教育财政投入的空间已经非常有限,因而必须从上级财政上增加投入。当前中央财政转移负担义务教育财政性经费的比重仍然过低,省级财政在转移支付作用上也不够积极,这样就直接削弱了转移支付在平衡省间、省内、县间财政能力差异上的作用。故而有必要增加中央和省级财政转移支付比重。其次,从投入结构上进行调整。城乡之间教育财政的投入往往存在巨大的差异,这也是造成许多农村中小学教育投入不足的重要原因。因而,必须平衡地区城乡间教育财政投入的差距,增加农村教育投入的比重。

(二)出台系统、有效的农村师资补充与培训政策

师资结构不合理、师资培训不足与流于形式,导致当前中西部农村中小学教师教学思想观念保守、固化,相关能力欠缺。若要解决这一问题,必须从师资结构调整和加强师资培训两方面入手。

当前中西部农村中小学教师队伍在学历结构、年龄结构上的不合理,集中反映了农村学校存在对高学历教师和青年教师缺乏吸引力的问题,因而有必要出台相关政策来吸引高学历教师和青年教师到中西部农村中小学任教。

当下,部属师大的免费师范生政策虽然吸引了一批优秀的师范生到中小学任教,但是数量仍然有限,而且下基层的力度不足,许多师范生就业仍然集中于城镇的中小学。因而有必要出台新的资助政策,鼓励优秀师范生到农村中小学任教,从而优化农村教师队伍的结构。对于中西部农村中小学师资培训方面存在的问题,同样需要出台相应的农村师资培训政策。如以省为单位出台政策,使农村师资培训制度化,规定培训周期、时间和考核方式等,同时需进一步丰富农村师资培训的形式。师资结构的合理以及师资培训的完善,能够很好地增强教师队伍整体的活力,提高教师队伍的能力。

(三)加强与家长的沟通,宣传和普及新课改理念

家长的理解与支持是新课改顺利实施的必不可少的因素。针对当前中西部农村中小学在实施新课改过程中出现的缺少家长理解与支持的问题,各学校有必要加强与家长的沟通和交流,加深家长对新课改的了解与理解。各个学校可以通过向家长发放新课改宣传单,或是通过举办讲座,以及邀请家长旁观新课改课堂教学的方式来增进家长对新课改的认识。在加深家长对新课改的认识和了解之后,学校还需要让家长认同新课改理念。在这个过程中,学校可以组织诸如家校合作类的活动,让家长切实体会到新课改给孩子带来的有益影响。如果新课改理念在家庭教育中得到宣传与普及,必然会有效地加快学校的新课改进程。

[杨建锋,界首市王集中心小学校长,高级教师;刘佳,华东师范大学教育科学学院研究生。]

关于对淮南、蚌埠两地基础教育课程改革实施情况的调研报告

陈启刚　郑德新

【摘　要】调研显示,基础教育课程改革已经取得了很大成效:课堂教学焕发了活力,学生的主体意识增强;教师的学生观、教学思想和教学方式有明显转变;教师培训扎实有效;家庭、社会与学校逐渐形成教育合力;教育教学质量不断提高。但课程改革的目标远未达到,依然存在一些影响课程改革进程的矛盾与问题:教育投入仍然不能满足需要;教育发展不平衡问题仍然很突出,农村教师队伍建设亟待加强;学生课业负担过重问题仍然没有解决;教研工作没有得到应有的重视。所以,目前需要加大教育投入,进一步深化课堂教学改革,完善评价体系,促进基础教育均衡发展。

【关键词】基础教育;课程改革;教育成效;调研报告

为全面了解和掌握安徽省基础教育课程改革的实施情况,系统总结各地在推进课程改革方面的做法和经验,同时深入查找和分析基础教育课程改革进程中普遍性的、较突出的问题,为进一步推动课程改革提供现实依据。

2012年10月中旬至11月初,安徽省教育厅安排课改调研组,先后赴淮南、蚌埠两市进行调研。调研期间,调研组成员做了如下工作:分别听取了淮南市和蚌埠市教育局相关工作人员对基础教育课程改革实施进展情况的介绍;深入淮南市市区及凤台县的5所学校、蚌埠市市区及五河县的4所学校,听取了所到县区教育局及有关学校校长关于课程改革进展情况的介绍;召开了教育行政(教研)人员、校长、一线教师、学生、学生家长等人参加的座谈会33场;发放并回收有效问卷520份,其中教育行政(教研)人员38份、校长48份、一线教师132份、学生216份、学生家长86份;推门听课(不同学段、不同学科)50余节;对所到之处的居民进行了随机访谈。

一、淮南、蚌埠两市推进基础教育课程改革的主要做法

(一)高度重视,成立领导组织,建立健全制度

淮南市建立了市、县(区)和学校各级课改领导机构,发挥了规划、调控、组织实施的管理职能,注重教研部门在课改中的研究、指导、服务等不可替代的职能作用,以及师范学院、教师进修学校、科研机构、培训部门,特别是专家顾问组织的专业引领、支持作用,从规划、决策到实施、管理、评价等环节明确分工、协同推进基础教育课程改革。通过月例会、专家会诊、督导评估等制度,以及各区县建立的各项利于学校、教师、学生发展的、促进课改深入开展的制度措施,初步形成了课改管理实施的良性运行机制,保证了课改的顺利进行。

蚌埠市在课改之初就成立了蚌埠市基础教育新课程实验工作领导小组,为了方便联系工作,领导小组下设蚌埠市基础教育新课程实验办公室及蚌埠市基础教育新课程改革实验工作专家指导组,认真落实课改的规划、实验和总结等工作;各县(区)按照省教育厅、市教育局的部署,成立了以分管县(区)长为组长的实验工作领导小组,并设立了办公室,统一领导和具体组织实施本区域基础教育新课程实验推广工作,还成立了以县(区)教育局局长为组长的实验工作专家指导组,切实加强对新课程实验推广工作的教学业务指导;各课改实验学校均成立了由校长任组长、分管教学的副校长任副组长的学校

课改实验领导小组和由教导主任、教研组长及骨干教师组成的学科实验指导组,切实抓好组织机构的健全,完善课改运行机制,确保实验工作扎实有效地推进。

(二)加大投入,为课程改革的顺利进行提供保障

淮南市实施新课改10年来,为配套并改善与新课改相关的教学设施设备(包括通用技术设施设备、有关学科实验室仪器和器材、多媒体设备、图书音像资料等),先后投入约1亿9500元,确保了新课改的实施和推进。同时,投入教师培训、进修外出学习的经费达4080万元。

蚌埠市课改以来不断加大投入,10年来,教育教学设施设备共计投入约2亿2267元,极大地改善了办学条件。中小学教师培训的经费由财政按照不低于中小学教师工资总额的1.5%的标准安排,同时,地方教育费附加中按不低于5%的比例用于义务教育阶段教师的培训。课改10年来,教师培训经费合计约4904万元。

(三)创新教师教育形式,狠抓教师队伍建设

淮南市教育局从2004年开始,每年安排50名中小学校长赴华东师范大学进行高级研修培训(已举办了3期,共培训150名),使中小学校长们对新课程改革理解得更深、更透。2009年,教育局又将124名校长分3批送到北京师范大学进行培训,除了参加为期一周的集中培训外,还组织学员分别到北京具有特色的中小学进行为期3周的挂职培训。通过挂职培训,校长们提升了实施新课程的能力、驾驭课堂改革的主动性和校本课程开发的整合力。教育局还先后举办了6期赴华东师范大学和南京师范大学高中骨干教师高级研修班,涵盖全部学科,共培训750名骨干教师,同时举办了5期市级中小学骨干教师培训班,共培训500名骨干教师。在全面培训骨干教师的基础上,淮南市教育局又实施了声势浩大的"名师工程",把名师培养作为提升教育核心竞争力的核心。2011年,经过层层选拔,遴选了6位教师作为首批名师工作室的主持人。名师工作室的成立是淮南市教师队伍建设的一个新起点、新平台。

蚌埠市搭建平台,组建学习与资源中心,通过蚌埠市教育网、继续教育QQ群,适时发布培训政策、信息,并与全国中小学教师继续教育网等国内知名高校继续教育网站合作,丰富学习资源。做好教师远程培训的组织、协调、指导与管理服务等工作,开展网上答疑、师生互动,交流信息,从而为广大中小学教师充分利用计算机网络开展校本研修提供了广阔空间。

(四)创新教研工作机制,使教研更好地为一线教学服务

淮南市教研室把深入开展课改调研工作作为基础和前提,采取集中调研与学科分散调研相结合、综合调研与专题调研相结合的多种方式,使教研工作的针对性、实效性大大加强。2006年8月,市教研室在资料匮乏的情况下,克服困难,多方搜集资料,编写《淮南市普通高中新课程实验资料汇编》和《淮南市普通高中新课程学科教学指导意见》,及时发到各普通高中,为各校因地制宜地制定符合校情的新课程实验方案,提供了科学的依据。

蚌埠市积极开展各级各类教科研课题研究,每年申请立项的课题均有几十项,目前基本形成了"校校有课题、人人有研究"的局面。同时开展多种形式的活动,搭建教师参与的平台,探索"研训一体"的教师发展模式。依据教学研究和教师培训的政策和中小学教师的实际需要,确定研训主题和内容。在研训活动中,师训与教研人员参与中小学教研,努力帮助中小学教师在教学和教研中发现问题、解决问题。在参与过程中,师训与教研人员了解到中小学教师需要什么,及时为他们提供指导和帮助。如果需要较系统的理论支持或技能培训等,则列入教师培训的内容。这样研中有训,训中有研,自成一体,使研训资源得到充分整合,教学、教研、培训形成一种良性循环,也使中小学教师成为真正的研究主体和受益者,师训与教研人员成为真正的参与者和促进者。"研训一体"有效地促进了中小学教师的专业化发展。

(五)通过改革考试评价及招生制度,引领课改方向

淮南市坚持对学生进行综合素质评价,全面考核学生素质,鼓励学生全面发展。录取普高的考生,综合素质总评结果必须达到C等级及以上,其中录取省示范高中的考生必须达到B等级及以上。

蚌埠市教育局在初中毕业升学考试中改变以考试分数简单相加作为录取唯一方式的做法,采用分数附等级的方式进行录取。同时不断扩大省级示范高中统招生指标分解到各初中的比例,到 2012 年已到达 80%。加大体育考试分值权重,2008 年初中毕业升学体育考试分值由 20 分增加到 30 分,2011 年进一步提高到 40 分。

二、淮南、蚌埠两市推进基础教育课程改革的主要成效与典型案例

(一)课堂教学焕发了活力,学生的主体意识增强

通过听课、座谈,调研组看到在新课程理念的引领下,教师在课堂教学中的角色由传授者正逐步向组织者、促进者和合作者转化,师生关系发生了可喜的变化。课堂教学组织形式多元化后,教师们尽可能地运用多种形式、多种方法,促使每个学生积极、主动、自主地学习,课堂上呈现出师生互动、生生互动的良好氛围。教师在评价学生时自觉地减少批评与否定,增加鼓励与表扬,极大地调动了学生的学习热情。越来越多的学生已习惯大胆表达自己的见解,质疑同学、教师的解答方法,学生间的合作交流、欣赏鼓励、评价帮助越来越多,课堂开始由知识的交流走向生命的对话。

(二)教师的学生观已经发生了积极的变化,教学思想和教学方式有明显转变

教师们大多能够认识和赞同学生的主体地位与主观能动性,能够适应新课程下新型师生关系带来的变化。调查问卷表明:教师了解学生的渠道趋于多样化,有课堂提问、批改作业、询问学生、随堂小测验等,而不仅仅是通过考试成绩来了解学生,真正做到了以学生为本。评价学生时也不仅仅依据考试成绩,还参考平时表现、成长记录袋等。

课堂教学中师生互动、合作交流、探究学习氛围日益浓厚。调查问卷显示:多数教师能经常性地鼓励学生就学习内容提问或发表自己观点,增强学生学习的自信心和成就感。71%的学生认为"老师在课堂上经常鼓励提问",

73.2%的学生认为"学习中老师对学生提出自己的观点表示赞赏"。多数教师在教学过程中注重将课程知识联系学生生活,重视对学生学习和获取知识的方法进行指导。约有72.9%的学生认为"教师教学中经常把教学内容和生活实际相联系",82.3%的学生认为"教师经常要求学生课后自己查阅学习资料"。

(三)以校本培训为主的教师培训扎实有效

做好课改教师的培训工作,是推进课程改革的首要条件。淮南、蚌埠两市及所辖县(区)都组织了本级课改教师培训,大多数学校每学期开展一两次校本培训。各学校积极探索培训途径,提高教师适应课改的能力。他们依托国家级、省级通识培训和学科骨干教师培训,组织课改年级教师全员参加新课标、新教材培训,帮助教师进一步把握新课标、准确理解新教材。有的学校组织教师走出去,到先行课改省(市、区)和学校考察与学习,汲取、借鉴先进经验和做法。很多学校依托本地本校教育资源,积极开展校本培训,在校本研修中解决实践过程中遇到的问题。

(四)家庭、社会与学校逐渐形成教育合力

学校教育需要与家庭互动,从社会中获得支持教育的正能量。淮南、蚌埠两市都比较重视发挥家长委员会的作用,让家长委员会参与学校的管理监督、参与课程建设和改革,通过举办活动引领家长教育孩子的观念,改变家长对教育、对学校的认识。家长委员会成为一个纽带,可以为学校化解很多困难和问题。如蚌埠二中,很多选修课都是在家长的建议和支持下开设的。

(五)创造了大量的经验,教育教学质量不断提升

淮南市二十六中以教育科研为先导推进课程改革。课程改革以来,该校已结题市级以上课题17项,其中国家级课题2项,省级课题7项,《中小学语文开放式教学法研究与实践》《初中历史设疑导学方法研究》2个课题获省教育科研成果二等奖。

淮南二中从2006年开始,按照国家课改要求,率先开设通用技术课程,并在课程实践方案设计、教学方式确定、教研组建设、学生实践、国际合作等

方面做了深入探索与实践。经过6年的教育教学实践,该校通用技术课程已基本走上正常化和规范化,初步形成具有学科特色的课程建设体系和教学模式,并日益彰显课程价值。在教育部启动的全国首次基础课程改革教学研究成果征集活动中,淮南二中《通用技术课程的探索与实践》研究成果荣获三等奖。淮南二中的通用技术课程在教学理念、课程建设、课堂教学等方面,走在了全省乃至全国前列。

五河县安子口初中以"让每一个学生都学得好"为办学宗旨,以"我的课堂我展示、我的班级我做主、我的学校我管理"为管理理念,在"先学后教、训练展示、循环提高"的先进教学理念指引下,以课堂教学六环节"学习目标＋预习展示＋合作交流＋当堂展示＋课堂小结＋课堂检测"为依托,初步形成良好的校风、教风、学风,在办学规范、教学特色、内涵发展上以及教师发展上都取得了喜人的成绩。

蚌埠二中以校本教研和教师专业发展为突破口推进课程改革,多年来共承担国家级课题3项、省级课题16项,制定了《蚌埠二中关于课题管理及教育教学活动管理办法》和《蚌埠二中教科研行动指南》。同时校长带头做课题、做精品课程、上示范课,提高了教师的教研意识,各教研组都有课题,每位教师都参与研究。蚌埠二中的"研究性学习"活动已成为该校的一大特色。在研究性学习的管理上,该校也形成了一套完整的方案。安徽省"研究性学习"现场会在蚌埠二中举行,学生的研究性学习和创新大赛成果在国际、全国、全省获奖60余次,得到了省科协、省教育厅领导的一致好评。

蚌埠市一实小的校本课程独具特色,该校将游泳、国际象棋、形体、陶艺等作为校本课程中的必修课,一、二年级开设国际象棋课,三、四年级开设形体课,三、四、五年级开设游泳、陶艺课,并试行了校本课程选修课。目前,已经有文学、思维、英语、体育、艺术、科学、信息技术和小公民建设共计8个类别40个校本课程。其中纸艺、美文绘本、机床、茶艺、十字绣、篮球、跆拳道等课程,深受学生们喜爱。

淮南师范附小的数字化校园建设成效显著。该校在成为全国首批现代教育技术实验学校后,将现代教育技术融入课程改革之中。2007年,学校承担的课题获得中央电教馆评选的"全国'十五'教育技术研究成果"一等奖,学校被评为"全国教育技术研究先进单位",同时被命名为"全国中小学信息技术道德教育实验学校"。

综上所述,淮南、蚌埠两市基础教育课程改革的实施情况良好,市、县(区)教育行政部门和中小学做了大量艰苦细致的工作,在加强课程建设和组织制度建设、落实教师培训、改革课堂教学、关注学生成长和发展需要等方面均取得了明显成效。

三、当前基础教育课程改革中面临的主要困难和问题

(一)教育投入仍然不能满足需要

虽然课改以来各级财政加大了对教育的投入,办学条件明显改善,但是教育经费整体缺口仍然很大。值得一提的是,在国家从2010年实行农村义务教育薄弱学校改造工程后,城市市区义务教育学校和高中学校装备投入不足的问题开始凸显,也需要政府加大投入力度。

(二)教育发展不平衡问题仍然很突出,农村教师队伍建设亟待加强

在调研中发现,当前教育发展不均衡问题制约着课程改革的全面深化,主要表现在区域之间不均衡、城乡之间不均衡、学校之间不均衡等,而城乡之间的不均衡尤为突出。近年来,农村学校办学条件日益改善,与城区学校的硬件差距逐渐缩小,但是农村学校的学生人数日益萎缩,农村学校的人气日渐低落,这其中的核心问题是师资问题。

1. 农村学校教师老龄化现象严重,整体素质偏低

农村学校教师很多是10多年前民办教师和代课教师转正而来,年龄多在50岁以上,学历起点较低。虽然经过了近年来大规模的学历补偿教育和在职培训,但由于主观和客观原因,不少农村教师的实际教学能力并没有得到同步提高。很多老教师教育观念陈旧,教学能力和水平难以适应课程改革的要求。

2. 农村学校教师刚性缺编与学科结构性缺编并存

农村学校大多地处偏远地区,交通不便,新招聘教师到农村学校工作时,

其食宿条件无法满足,而且他们的工作量大,工资福利待遇远不如城市学校。从调研的情况来看,大中专院校毕业生一般不愿意到农村学校工作,稍微优秀一点的又被城镇学校"挖"走,有些年轻教师干脆辞职走人。结果是农村教师流失现象严重,仅怀远县在2011年就有近20位农村教师辞职,淮南市潘集区缺编53个、田家庵区缺编220个、凤台县缺编537个。农村学校教师缺编会直接影响正常的教育教学活动的开展。另外,农村学校师资学科结构不够合理。目前,许多农村学校缺乏外语、地理、信息技术和音乐、体育、美术等学科专业教师。不少学校为了开齐课程,让一名教师兼带几个学科课程,这必然会制约课程改革的深入推进。

(三)课堂教学中的一些现象与新课改的要求存在差距

调研组在听课中发现,有的教师在课堂上表扬性的语言使用过滥,不管学生回答得怎么样,一律使用"很好""真好""非常好"等词语评价。这其实违背了赏识教育的初衷,只是过分追求赏识的形式而已。有的教师在让学生回答问题时,不是叫出学生的名字,而是手指着目标以"你"来代替,还有的则说"请最后一排穿黄褂子的那位同学来回答"等。这些现象,说明新课改的理念还没能真正地内化到全体教师的心中,部分教师只是了解一些课改的表面形式。

(四)学生课业负担过重问题仍然没有被解决,教师负担也很重

学生普遍在校时间长,作业量大,中学(特别是高中)考试次数多。问卷显示,小学有70.2%的学生"上过校外教育机构的兴趣班、特长班",初中有61.6%、高中有77.8%的学生感到"学习很累,心理压力大"。很多学校的周课时数超过课程改革实施方案的规定,在高中随意增加课时的现象比较普遍。教师(尤其是高中教师)普遍反映,课改以来比以前累多了,一方面,课程改革对教师的要求提高了,教师还要参加这样那样的活动;另一方面,着实存在课程标准偏难、偏高,教学内容偏多的状况,由此学校普遍存在教学任务过重而课时不足的矛盾。

(五)教学研究部门的作用没有得到充分发挥与体现

在新课程改革过程中,教研部门发挥着重要的指导、引领和服务作用。

但是，教科研经费不足常导致正常的教研活动得不到保障，许多促进教师专业发展的教研工作难以持续开展，教研部门在新课程改革方面的应有地位和引领作用也有待进一步明确、规范和提升。另外，各地的教科所（教研室）岗位结构比例参照普通示范中学设置，完全不适合工作性质和发展要求。

四、对进一步推进基础教育课程改革工作的建议

（一）继续增加投入，为课程改革的进一步深化提供政策支持和物质保障

各级政府要高度重视新课程改革，要深刻认识到基础教育课程改革是一项长期、艰巨、复杂，具有探索性的工作，而且要进一步增加经费，保障新课程实验的持续进行。在花大力气改善农村学校办学条件的同时，也要适当关注一下城区学校的合理需求。另外，还要继续加大对新课程改革的宣传力度，为新课程改革营造良好的社会氛围。

（二）大力促进基础教育均衡发展，加强农村教师队伍建设

1. 提高农村教师待遇，使农村学校能留得住教师

建立和完善农村学校教师的特殊津贴制度，并在职称评聘、评优表彰等方面向农村教师倾斜；进一步加大投入，加快农村学校周转房建设步伐，为农村学校教师提供较好的工作和生活环境；还要为农村教师专业成长创造条件，免费培训长期在农村工作的教师。

2. 提高农村学校教师整体素质，使农村教师能胜任新课改

加大对农村学校教师继续教育的经费投入，并确保足额用于农村学校教师培训。通过送教下乡、在职培训、专题研修、远程教育等多种形式，努力提高农村学校教师的业务素质。加强师德教育，开展"校对校"结对帮扶、城镇教师到农村学校任教服务、乡镇中心校与村小老师定期轮换以及区域内学科带头人和骨干教师巡回授课等活动，促进农村学校教师整体素质和教学能力的提高。

3. 修正中小学教师编制标准，使农村孩子享受平等受教育权

首先要统一城乡教师编制标准，不能再实行农村比城市教师编制少的两套标准了，而且在统一标准的基础上要向农村倾斜，增加农村学校的英语、音乐、体育、美术、计算机等科目教师的补充数量，实行教师资源的动态化管理，科学调配、调剂教师资源，对区域内专业教师实行资源共享和开展城乡教师"上挂""下派"双向交流工作，促进教师、校长的交流以及人才资源的合理流动。

（三）进一步深化课堂教学改革，不要过分追求课改形式

任何形式和内容的课程改革都离不开课堂，新课程实验必须以课堂教学为出发点。所以，教师要强化课堂教学研究活动，吃透教材，恰当运用教材，根据学科的不同特点，分清教材的重难点；要依照新课程标准，切实把该讲的内容讲深讲透，对不该讲的内容进行适当的处理，这是新课程实验的努力方向。在此基础上，还要积极引导教师吃透课标，明确教学的基本原则和基本要求，避免以灌输式的教学方法来代替多向交流、师生互动式的教学模式。同时，要改变学生的学习观念，把课程的基本内容划分为学生自学和课堂讲学的内容结构，构建相应的管理机制来促进学生开展自助性的学习活动。大力提倡有计划、有布置、有检查、有评价的预习工作，实现学习内容的适当迁移。

（四）规范中小学办学行为，完善评价体系

进一步加强课程管理，适当减少课程门类、缩减一些课程的课时。严格执行课程方案，落实各种课程管理制度。对于办学不规范、违规补课的学校，一经发现，要坚决制止和处理，使学校走内涵发展、公平竞争之路。进一步完善与新课程改革相配套的评价体系，为学校、教师进一步实施新课程注入生机和活力。同时，要针对课程建设与管理、队伍建设与管理、课堂教学改革、学校管理创新以及学生综合素质评价等课改方面的难点问题，鼓励有关学校率先进行探索研究，开展主题明确、形式多样的研讨和交流活动，并通过现场会或观摩会等形式展示成果，为新课改提供示范引领作用。

(五)强化教研部门的职能,更好地为课程改革服务

我省各级教研部门为新一轮基础教育课程改革做了大量的卓有成效的研究性、指导性和服务性工作,对新课程的实施起了重要推动作用。在此基础上,教研部门应进一步树立为课程改革服务、为基层学校服务、为一线教师服务的意识,积极创造条件到基层、到农村、到边远地区为教师服务,送教上门,送研下乡,为他们提供信息、咨询答疑,共同研讨,解决新课程实施中的具体问题。

基础教育课程改革需要有一支综合素质强、有经验、有较强指导能力的教研队伍,要进一步强化教研部门的职能,明确教研部门和教育行政机关相关职能部门之间的分工,合理界定学术权威和行政权力之间的关系。建议省级教育行政部门出台政策,对教研机构定位、编制、人员构成、经费保障等予以明确,从而充分发挥教研优势,为课改领航,为基础教育奠基,为提高教育教学提供有效支撑。建议在各级教科研部门增加高级岗位的比例,可以提高省级教研部门评定职称的条件要求,但不应限制岗位设置的比例。

〔本课题调研组成员:郑德新、李毅、齐明砾、张勇、范刚、巩敬耕、周琼、张晓丽、夏建华、汪秋萍、陈启刚等。〕

〔陈启刚,安徽省教育科学研究院教研员;郑德新,安徽省教育厅基础教育处处长,博士。〕

初中数学学案教学价值教师认同度调查研究

——以安徽省初中数学骨干教师的调查为例

栾庆芳

【摘　要】从教师的角度出发,围绕初中数学教师对学案教学价值的认同度展开调查,了解他们对初中数学学案教学的熟悉程度及认同程度,通过统计软件进行数据分析得到结论,提出要加大教师进修培训的力度和有效度,加快高校师范数学教育类系列课程教学改革的步伐,进一步转变教师观念,合理运用,大胆实践。

【关键词】初中数学;学案教学;调查

一、问题的提出

基础教育数学新课程改革已开展10余年,大力倡导以学生为中心,充分发挥学生的主体性,转变教学方式,提高课堂效率,减轻学生的学习负担,就是要让学生的学习发生实质性的变化。事实上,目前改革的效果并不十分明显,绝大多数课堂教学组织形式没有在深层次上进行本质改变,教师依然处于中心地位,很大程度上,教学目标、教学重点、教学难点、教学方法等基本上都是从教师教的角度设计,以学生为本的理念未能真正实现。

学案教学在近些年越来越被接受,改革中也有很多学校开展了类似学案教学的改革探索,有一定的效果。"学案"是教师在研读课程标准、教材的基础上,立足学生,根据学生的认知水平、知识经验,指导学生进行主动的知识建构而编制的学习方案。在实施过程中,教师期待能够激发和调动学生学习的积极性,培养学生自主探究和合作的学习方式,鼓励学生大胆进行创造性思考,提高数学思考的有效性,亦可获取丰富的数学活动经验。他们对这一过程中教师是教学改革最终执行者的理解程度和执行力度,他们对教育理论的掌握水平,对教学理念的认识水平,对教学模式、教学方法的理解与操作水平,都会直接影响到教学效果,直接决定最终目标是否能达成。因此,本次调查从教师的角度出发,了解他们对初中数学学案教学的熟悉程度以及认同程度,了解一线教师的真实想法,试图将初中数学学科教学与学案教学更好地结合起来,合理选择,对学案教学程序作进一步优化,为其具体实施打下良好的基础,以期发挥最大的教学效力。

二、调查方法与过程

本次调查采用问卷调查与个别访谈法,问卷设计为 3 个部分:第一部分主要涉及教师本人的基本情况,如学校级别、职称、学历等;第二部分试图了解教师对数学学案教学模式熟悉程度以及对学案教学价值的相关看法;第三部分为一道开放性问题,意在了解学案教学的优点与不足。调查前,笔者向各校参与调查的教师说明了研究目的,并对研究内容作出解释。2012 年 11 月,我们采用集体施测的方式对 136 位教师开展调查,整个测验用时约为 10 分钟,当场收回问卷,共发放问卷 136 份,收回 128 份,其中有效问卷 107 份,有效回收率为 78.7%。

对于本次问卷数据,采用 Spss 18.0 for windows 统计软件对其进行处理与分析。主要运用频数统计、均值比较过程、单因素方差分析(F 检验)、非参数检验(卡方检验,多个独立样本的检验)等统计方法进行分析。

三、调查结果与分析

1. 样本情况

2012年,教育部国培计划安徽省初中数学"学科带头人"和"教学能手"研修班在合肥师范学院开班。前来研修的均为安徽省初中数学教师,他们分别来自安徽省合肥、芜湖、蚌埠、淮南等15个地市,覆盖了皖中、皖北、皖南地区市、区、县、镇等各级各类学校,其中来自市级学校9人、区级学校18人、县级21人、镇中学49人、其他10人,教师职称分布情况为中学高级职称21人、中学一级53人、中学二级33人。

表1 地区 * 学校级别 * 职称描述统计交叉表

职称		学校级别					计
		市级	区级	县级	镇级	其他	
高级	皖中	1	2	2	1	0	6
	皖北	2	2	3	5	0	12
	皖南	0	0	2	0	1	3
	Total	3	4	7	6	1	21
一级	皖中	4	3	3	6	2	18
	皖北	1	3	5	20	1	30
	皖南	0	0	3	2	0	5
	Total	5	6	11	28	3	53
二级	皖中	0	5	1	5	2	13
	皖北	0	3	2	9	3	17
	皖南	1	0	0	1	1	3
	Total	1	8	3	15	6	33
合计		9	18	21	49	10	107

2. 数学学案教学基本情况

为了解教师对学案教学理论的熟悉程度和获取学案教学信息的渠道有哪些,我们首先设计了3个问题,对结果进行频数统计分析,结果如表2所示。

表 2 学案教学理论熟悉程度与获取渠道的频数统计表

题目	选项	频率	百分比
您对学案教学理论熟悉程度是？	非常了解	12	11.2
	基本了解	42	39.3
	一般	37	34.6
	了解一点	15	14.0
	完全不了解	1	0.9
您获取学案教学相关信息的主渠道是？	大学学习	1	0.9
	阅读课外资料	29	27.1
	教研学习或进修培训	53	49.5
	网络资源	18	16.8
	其他	6	5.6
您在日常数学教学中是否使用过学案？	是	95	88.8
	否	12	11.2

表 2 显示，教师对学案教学理论熟悉程度非常了解的占 11.2%，基本了解的占 39.3%，一般的占 34.6%，了解一点的占 14%，完全不了解的占 0.9%，可见大部分教师对初中数学学案教学都有一定的了解，但是十分熟悉的人并不多。接着再探寻获取学案教学相关信息的主渠道，其中教研学习或进修培训所占比例最大，占 49.5%，其次是阅读课外资料，占 27.2%，网络资源占 16.8%，大学学习占 0.9%，其他占 5.6%。这一结果表明，教研活动和进修培训是在职教师获取教学新思想、新理念的最重要途径。大学学习百分比比较低的原因一方面是教师年龄的原因——样本中年龄 30 岁以下的教师为 15 人，而其他教师大学毕业的时间较早；另一方面，可能是因为当前高师数学教育课程内容未能与基础教育改革保持一致，内容滞后，师范生很少能获取包括学案教学在内的相关信息。此外，约占 88.8% 的教师在教学中使用过学案，而 11.2% 的教师从未使用过，表明绝大部分教师曾经尝试过使用学案教学，对其有一定的了解。

3. 对学案教学价值的认同情况

接下来的7个问题主要围绕数学学案教学价值展开调查,每个问题根据认识的不同层次给出5个不同选项,采用5级等距记分法,要求被试从5个选项"完全符合""比较符合""说不清楚""不全符合""完全不符合"中选出最符合自己实际情况的一项。在回收统计过程中将选项量化成分数,对于正向陈述的问题,回答从"完全符合"到"完全不符合"5项,分别记5、4、3、2、1分;对于反向陈述的问题从"完全符合"到"完全不符合"5项分别记1、2、3、4、5分,通过转换,逐项统计得分,将调查得到的数据输入统计软件 Spss 18.0 for windows 进行分析,具体结果如表3所示。

表3 对数学学案教学价值各单项认同度的基本情况

	样本人数	极大值	极小值	均值	标准差	标准误
自主学习能力	107	5	1	3.3271	0.69738	0.06742
创新思维能力	107	5	2	3.1963	0.58984	0.05702
合作交流能力	107	4	2	3.2710	0.63795	0.06167
学习积极性提高和学习兴趣形成	107	5	2	3.2523	0.64565	0.6242
数学知识与技能的学习	107	5	2	3.2991	0.63268	0.6116
数学探究能力	107	5	1	3.2897	0.68693	0.06641
发现问题解决问题能力	107	5	2	3.2897	0.59889	0.05790

如表3所示,学案教学对学生的自主学习能力影响最大,均值为3.3271(总分5分),之后依次为对数学基础知识与技能的学习(均分3.2991)、发现问题解决问题的能力和数学探究能力(均分3.2897)、合作交流能力(均分3.2710)、学习积极性提高和学习兴趣形成(均为3.2523)、创新思维能力(均为3.1963)。接着利用 Spss 的计算功能将自主学习能力、创新思维能力、合作交流能力、学习积极性提高和学习兴趣形成、数学知识与技能的学习、数学探究能力、发现问题解决问题能力7项求和,总和数据表示对数学学案教学价值的认同情况,通过频数统计进行分析,结果如表4与图1所示。

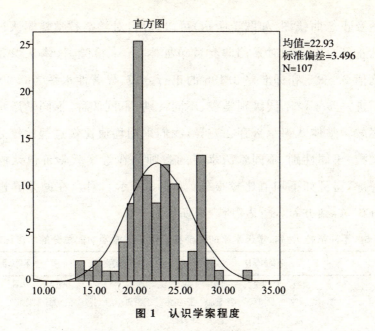

图 1　认识学案程度

表 4　对学案教学价值认同情况频数统计表

	对学案教学价值认同情况
样本人数	107
总分	35
平均分	22.9252
均分标准误	0.33795
标准差	3.49582
偏度	0.078
峰度	0.276
全距	19

如表 4 所示,对学案教学价值认同情况的平均得分为 22.9252(满分为 35 分),标准差为 3.49582,全距为 19,差距较大;偏度大于 0,值为 0.078,即向左偏,表明总体得分偏低;峰度大于 0,值为 0.276,变量值分布要比标准正态峰高,个体间差异较大,这些说明大多数教师对学案教学功能的认识总体得分不高,一般持较为中立的观点,学案教学的功能还没在实践教学中完全显现出来。而且,教师对学案教学价值认识的程度差距较大,从总分频数分

布直方图及正态曲线图(如图1所示)可以看出,对学案教学整体认识得分总体上服从正态分布。同时采用非参数单样本k－s检验,整体认识数据分布为具有均值22.925和标准差3.496的正态分布,显著性水平为0.090。

为了进一步了解不同级别学校、不同性别、不同职称、不同学历水平的教师对学案教学整体认识是否存在差异,我们采用均值比较过程比较分析了不同级别学校、不同性别、不同学历水平的教师间在学案教学价值认同总分上的差异情况,得到如下均值比较报告(如表5所示),对存在的差异进行单因素方差分析,得到方差分析表(所表6所示)。

表5 不同学校、性别、学历水平的教师在认识学案教学功能总分的均值比较

	不同的学校					不同性别		不同学历		
	市级	区级	县级	镇级	其他	男	女	研究生	本科	专科
均值	33.3333	22.7222	23.3333	22.8980	22.2000	22.8750	23.0286	27.3333	22.6522	23.9167
N	9	18	21	49	10	72	35	3	92	12
标准差	4.41588	2.73981	4.02906	3.48954	3.19026	3.80488	2.80216	5.50757	3.40470	3.05877
均值的标准误	1.47196	0.64578	0.87921	0.49851	1.00885	0.44841	0.47365	3.17980	0.35496	0.88299
峰度	2.110	1.146	−0.670	0.494	−0.573	0.109	−0.043		−0.019	−0.356
偏度	1.494	−0.599	−0.142	−0.267	0.697	−0.045	0.837	0.271	−0.117	0.826

表6 学案教学整体认识与最后学历水平的单因素方差分析

		平方和	df	均方	F	显著性
学案教	组间	11.034	4	2.759	0.219	0.927
学整体	组内	1284.368	102	12.592		
认识 * 学校级别	总数	1295.402	106			
学案教	组间	0.555	1	0.555	0.045	0.832
学整体	组内	1294.846	105	12.332		
认识 * 性别	总数	1295.402	106			
学案教	组间	48.271	3	16.090	1.329	0.269
学整体	组内	1247.131	103	12.108		
认识 * 职称	总数	1295.402	106			
学案教	组间	76.949	2	38.474	3.284	0.041*
学整体	组内	1218.453	104	11.716		
认识 * 最后学历	总数	1295.402	106			

根据表5、表6可以得出以下结论:

(1)不同级别学校、不同性别的教师在对数学学案教学作用认识方面不存在显著性差异。

(2)不同学历的教师在对数学学案教学作用认识方面达到显著性水平(sig＝0.041＜0.05),其中研究生学历教师均分为 27.3333,高于学历为本科和专科的教师(本科总分为 22.6522,专科总分为 23.9167)。进一步对不同学历教师在对学案知识熟悉程度以及对学案教学价值各单项认同的差异情况进行均值比较分析,对存在的差异进行单因素方差分析,得到方差分析表,具体如表 7、表 8 所示。

根据表 7、表 8 内容可以得到以下结论:

(1)不同学历水平的教师对数学学案教学知识熟悉程度存在显著性差异,其中研究生学历教师均分最高为 4.3333,本科学历教师得分为 3.4891,专科学历教师得分为 3.3333,总体均分为 3.4953。

表 7　两项均值比较表

最后学历		知识熟悉程度	数学探究能力
研究生	均值	4.3333	4.333
	N	3	3
	标准差	0.57735	0.57735
本科	均值	3.4891	3.2500
	N	92	92
	标准差	0.90778	0.63980
专科	均值	3.3333	3.3333
	N	12	12
	标准差	0.65134	0.88763
总计	均值	3.4953	3.2897
	N	107	107
	标准差	0.88354	0.68693

表 8　两项独立样本非参数检验

原假设	检验	显著性水平	策略
知识熟悉程度的分布在不同学历水平类别间相同	独立样本 Kruskal—Wallis 检验	0.038 *	拒绝原假设
提高探究能力的分布在不同学历水平类别间相同	独立样本 Kruskal—Wallis 检验	0.027 *	拒绝原假设

(2)在对"数学学案教学能提高学生数学探究能力"这一观点的认同度上,不同学历的教师也存在显著性差异,其中研究生学历教师均分最高,为

4.333，本科学历教师得分为 3.2500，专科学历教师得分为 3.3333，总体均分为 3.2897。

(3) 不同学历教师在数学学案教学提高数学基础知识与技能的学习、发现问题解决问题的能力和数学探究能力、合作交流能力、学习积极性的提高和创新思维能力认同方面都不存在显著性差异。

四、讨论

1. 加大教师进修培训的力度和有效度

从调查结果分析，大部分教师获取学案教学相关信息的主渠道是教研学习或进修培训，同时发现不同学历水平的教师对数学学案教学知识熟悉程度和理解方面有显著差异，其中高学历的教师接触的理论知识更多，理解更深入。由此可见，教师的成长发展并不能仅依靠原有的师范教育阶段就能完成，高速发展的社会总会对教师的能力提出新的要求，比如由传统的知识传递模式到学案教学模式，教师的角色就发生了很大的变化。教师必须从知识传递者的角色转变为学习活动的组织者、学习方法的指导者，因此工作后的学历进修或培训进修是教师专业成长和教师自身发展的重要途径。新课改对广大教师特别是农村教师自身素养提出新的挑战，因此，各级各类进修培训机构应该合理安排进修内容，精心设计进修课程，满足不同层次水平教师的需求，而且进修内容要有针对性，要适当增加数学教育研究的前沿性知识以及教育信息化方面知识，让教师学习吸收新理论，更新教育观念，促使其在实践中应用落实。除了集中面授的培训方式，还可以建构网络化的教师进修系统，借助现代信息技术，使教师进修的途径网络化，建立开放性的远程培训体系，打破时间、地域的限制，让每一位教师都能够充分利用时间获得最佳的培训，从而推动整个基础数学教育改革的进程。

2. 加快高校师范数学教育类系列课程教学改革的步伐

从调查结果来看，教师了解学案教学的相关信息更多来自于教研活动、各类培训、网络资源，这一方面说明教师的学习方式多样化，学习的途径大大拓宽了，另一方面又能联想到高师数学教育理论与基础数学教学实际发展的脱节。从数学教育类系列课程的设置、课程内容的选择、教学方式等与新课程的要求呈现出不和谐景象，比如高师院校数学教育类课程内容更新不够，有些院校连数学课程标准与新课程都未能提及，只是照本宣科，内容僵化，与时代发展不平衡。另外，新课程倡导"学生自主学习，以学生为主体"的理念，而高校授课教师一般采用系统讲授、学生被动接受的方式来开展教学活动，没有意识到数学教育类课程本身应该具有的实践性和示范性的特点，因而高师数学教育类课程的教学模式也亟待改进。

3. 进一步转变教师观念，合理运用，大胆实践

2011年版的义务教育数学课程标准将"学生获得数学的基本活动经验"作为数学课程的目标之一，强调了学生在数学活动过程中经验的积累，也强调了培养学生良好的数学学习习惯。因为学生只有亲身经历数学活动过程，才能获得具有个性特征的感性认识、情感体验以及数学意识、数学能力和数学素养；学生只有培养了良好的数学学习习惯，才可能逐步实现由"学会"到"会学"的转变。但在实际教学环节中，由于教师的教学任务繁重、时间有限，学生自主学习的机会一再被边缘化、随意化，以学生为主体成为口号，在实际教学中仍以教师的教为出发点。因此，要实现课改的总体目标，教师思想观念的变革是关键。

学案教学提供了新的方向，从本次调查来看，大部分教师都对学案教学有一定的认识，大部分教师也曾经尝试过，但多数教师对学案教学未能有充分认识，对学案教学功能认识度不高，一般持较为中立的观点，可见学案教学的功能还没完全显现出来。因此，教师首先要从思想上"舍得"把课堂还给学生，充分相信学生的能力，教师的这种"舍得"和"相信"是建立在对数学学案教学理论的深刻理解，以及对学生和教学内容充分研究的基础上的，要尽一切可能为学生创造自主学习的机会，让学生在学知识的过程中学会学习，这才是让其受益终身的。其次，教师为保证学案教学的开展，要做大量的准备工作，不仅要撰写教案，还要根据学生实际编写"学案"，引导学生正确地建立学习目标和选择适合自己的学习策略，并要时刻关注学生，洞察学情，不断提升自己的业务水平和科研能力。除了要关注学生对知识的理解，教师还要重视对学生的学习方法、学习态度、学习习惯、学习能力等素质的培养,增强其学习的独立性、主动性和积极性,培养学生的主动探索精神和自主学习能力,以期取得教学效益最大化,促进师生素质全面提高。

[栾庆芳,合肥师范学院数学与统计学院讲师。]

新入职中学教师心理健康状况调查及相关因素分析

卫萍 李娟

【摘 要】为了解新入职教师的心理健康状况及相关影响因素,本研究采用心理症状自评量表SCL-90、领悟社会支持量表和一般自我效能感量表,调查了合肥市302名新入职的中学教师。调查发现:新教师总体心理健康状况良好,但强迫和焦虑两项因子得分显著高于国内成人常模;男性新教师的心理健康水平低于女性新教师;家在外地的新教师的心理健康水平低于家在本地的新教师;私立学校新教师的心理健康水平低于公立学校新教师;毕业于非师范院校和其他师范院校的新教师的心理健康水平低于毕业于教育部直属师范院校的新教师;新教师的心理健康状况与领悟社会支持以及一般自我效能感均呈现显著的负相关。其中,朋友支持、一般自我效能感和其他社会支持对新教师心理健康问题有显著的反向预测作用。

【关键词】新入职中学教师;心理健康;调查

新入职教师(以下简称"新教师")是指刚进入教职的教师,即在顺利通过各项测试与评价,获得《教师资格证书》,得到校方聘任后,首次以教师身份进入学校的新人。国外有研究表明,教师中大约有 1/3 的新教师会在开始的几年里离开教学领域(全国教学和美国未来委员会,1996 年)。[①] 新教师之所以离开教师岗位,最主要的原因是其在工作中感到难以适应和胜任职业要求。大多数新教师都经历了不同程度的焦虑、恐惧、挫折和孤独。[②] 如何在最短时间内从心理上和能力上适应并胜任新岗位,不仅是新教师关注的问题,更是学校教育管理者需要思考和应对的问题。

检索国内的相关研究发现:对新教师的职业适应性及专业发展研究较多,已有研究更多的是从理论层面探讨解决的途径与策略,但鲜有对新教师的心理健康状况及其影响因素的调查研究。[③] 新教师的心理健康状况如何?他们将以怎样的心态走上讲台?这不仅极大地影响新教师走上教育岗位后的工作状况与职业发展,也影响着学校的人才培养和发展方向。本研究立足调查、分析新教师的心理健康现状及相关影响因素,据此提出提高新教师心理健康水平的相关策略,以期为新教师的自我发展及教育管理者的决策提供依据。

一、对象与方法

(一)对象

以在合肥学院参加新入职中学教师培训的全体学员为对象,为避免培训对学员的影响,在培训开始前施测,实测新教师 302 人,去掉信息与答题填写不完整的废卷,有效问卷为 272 份,有效回收率为 90.1%。被试人口统计学信息如表 1 所示。

[①] 李玉华、魏健:《入职适应阶段教师心理解读——两位小学教师成长的质性研究报告》,载《当代教育科学》,2006(6)。

[②] 李梅:《中小学新教师工作满意度影响因素的实证研究》,载《教师教育研究》,2013(9)。

[③] 胡维芳:《新教师入职适应性的调查研究》,载《青海师范大学学报》,2006(6)。

表 1　被试的人口统计学变量(n=272)

	性别		学历		家庭所在地		所在校性质		毕业院校		
	男	女	本科	研究生	本地	外地	公立	私立	部属师范	其他师范	非师范
人数	102	170	246	26	110	162	208	64	130	104	38
%	37.5	62.5	90.4	9.6	40.4	59.6	76.5	23.5	47.8	38.2	14.0

注:"部属师范"指教育部直属师范院校;"其他师范"指其他师范院校;"非师范"指非师范类院校,下同。

(二)研究工具

本研究采用量表法,现场团体施测,一次完成。问卷由 3 个部分组成:第一部分是精神症状自评量表(SCL-90),第二部分是领悟社会支持量表,第三部分是一般自我效能感量表。

1. 精神症状自评量表(SCL-90)

采用王征宇翻译的症状自评量表,又名"90 项症状清单(SCL-90)",[①]是当前使用最为广泛的精神障碍和心理疾病门诊检查量表。量表共有 90 个项目,包括 9 个方面的精神因子,分别为躯体化、强迫症状、人际关系敏感、抑郁、焦虑、敌对、恐怖、偏执、精神病性。量表采用 5 级评分法,0 表示无,1 表示轻度,2 表示中度,3 表示相当重,4 表示严重。依据全国常模结果,总分超过 160 分,或任一因子分超过 2 分,需考虑筛选阳性。经检验,本样本中量表的 α 系数为 0.927。

2. 领悟社会支持量表

Zimet 等编制的领悟社会支持量表,[②]是一种强调个体自我理解和自我感受的社会支持量表,分别测定个体感受到的来自各种社会支持源,如家庭、朋友和其他人(领导、亲戚与同事等)的支持情况,同时以总分反映个体感受到的社会支持总程度。量表含 12 个自评项目,7 级评分,1 表示极不同意,7 表示极同意,分数越高感受到的社会支持越多。经检验,本样本中量表的 α 系数为 0.899。

---

①　②汪向东、王希林、马弘:《心理卫生评定量表手册(增订版)》,北京:中国心理卫生杂志社,1999。

3. 一般自我效能感量表

采用 Zhang & Schwarzer 1995 年完成的一般自我效能感量表中文版,[①]共 10 个项目,涉及个体遇到挫折或困难时的自信心。量表为单维量表,采用 4 级计分,得分越高,表明自我效能感越高。该量表在国内已被证实有较高的信度和效度。[②] 经检验,本样本中量表的 α 系数为 0.911。

(三)统计方法

全部数据采用 Spss 20.0 统计软件进行统计分析。统计分析方法包括描述性统计、T 检验、单因素方差分析、相关分析和回归分析等。

二、结果与分析

(一)新入职中学教师心理健康的总体状况

SCL-90 测试发现:新教师总体心理健康状况良好,总均分低于全国成人常模。[③] 各因子分中,强迫和焦虑两项因子得分明显高于国内常模,其他因子得分均低于全国常模(如表 2 所示)。

(二)新入职中学教师心理健康状况的性别差异

测试发现,不同性别新教师的 SCL-90 总均分差异显著,男性新教师的心理健康水平低于女性新教师。从因子分上看,男教师的人际关系、焦虑、敌对、恐怖和偏执得分显著高于女教师,其他因子分差异均不显著(如表 3 所示)。

---

① Zhang. J. X., & Schwarzer, R. *Measuring optimistic selfbeliefs: A Chinese adaptation of the General Self-efficacy Scale*. Psycholigia, 1995, (3).

② 王才康、胡中峰、刘勇:《一般自我效能感量表的信度和效度研究》,载《应用心理学》,2001(1)。

③ 姚本先、方双虎:《学校心理健康教育导论》,合肥:中国科学技术大学出版社,2002(1)。

表2 新教师 SCL-90 因子分及总分与全国常模的比较（M±SD）

	新教师（n=272）	全国常模（n=1388）
躯体化	1.30±0.36	1.37±0.48
强迫	1.70±0.59	1.62±0.58
人际关系敏感	1.56±0.64	1.65±0.51
抑郁	1.39±0.43	1.50±0.59
焦虑	1.59±0.48	1.39±0.43
敌对	0.76±0.63	1.48±0.56
恐怖	0.53±0.62	1.23±0.41
偏执	1.02±0.64	1.43±0.57
精神病性	0.92±0.63	1.29±0.42
总分平均分	1.18±0.37	1.44±0.43

表3 不同性别新教师心理健康状况的差异比较（M±SD）

	男教师（n=102）	女教师（n=170）	t
躯体化	1.33±0.40	1.28±0.34	0.97
强迫	1.70±0.52	1.69±0.63	0.12
人际关系	1.68±0.63	1.49±0.63	2.43*
抑郁	1.38±0.53	1.40±0.36	−0.35*
焦虑	1.69±0.52	1.53±0.45	2.75**
敌对	0.93±0.72	0.66±0.54	3.55***
恐怖	0.68±0.75	0.45±0.51	3.02**
偏执	1.21±0.71	0.91±0.57	3.74***
精神病性	1.02±0.64	0.87±0.62	1.90
总均分	1.26±0.42	1.13±0.33	2.71**

注：*表示 $p<0.05$，**表示 $p<0.01$，***表示 $p<0.001$，下同。

（三）不同家庭所在地的新入职中学教师心理健康状况的差异

测试发现，不同家庭所在地新教师的 SCL-90 总均分差异显著，家在外地的新教师心理健康水平低于家在本地的新教师。在因子分上，家在外地的新教师的偏执和焦虑得分显著高于家在本地的新教师，其他因子分差异均不显著（如表4所示）。

表 4 不同家庭所在地新教师心理健康状况的差异比较(M±SD)

	本地(n=110)	外地(n=162)	t
躯体化	1.26±0.42	1.32±0.32	-1.46
强迫	1.64±0.55	1.74±0.62	-1.38
人际关系	1.52±0.65	1.60±0.63	-0.99
抑郁	1.39±0.43	1.39±0.42	-0.00
焦虑	1.47±0.43	1.67±0.50	-3.36**
敌对	0.77±0.58	0.76±0.66	0.12
恐怖	0.46±0.63	0.59±0.61	-1.68
偏执	0.83±0.63	1.15±0.62	-4.18***
精神病性	0.85±0.67	0.97±0.60	-1.54
总均分	1.12±0.40	1.22±0.35	-2.13*

(四)不同性质学校的新入职中学教师心理健康状况的差异

测试发现,不同性质学校新教师的 SCL-90 总均分及各项因子分差异显著,私立学校新教师的整体心理健康水平显著低于公立学校新教师(如表5所示)。

表 5 不同性质学校新教师心理健康状况的差异比较(M±SD)

	公立(n=208)	私立(n=64)	t
躯体化	1.20±0.22	1.60±0.53	-5.91***
强迫	1.61±0.63	1.99±0.32	-6.53***
人际关系	1.33±0.50	2.32±0.44	-15.23***
抑郁	1.31±0.30	1.64±0.64	-3.97***
焦虑	1.51±0.47	1.85±0.43	-5.44***
敌对	0.51±0.40	1.57±0.56	-14.14***
恐怖	0.26±0.37	1.42±0.41	-20.20***
偏执	0.80±0.53	1.75±0.40	-15.42***
精神病性	0.76±0.54	1.46±0.60	-8.33***
总均分	1.04±0.24	1.64±0.36	-12.67***

(五)不同院校毕业的新入职中学教师心理健康状况的差异

单因素方差分析表明,不同院校毕业的新教师在 SCL-90 的总均分上,存在着显著的差异(如表 6 所示)。Tukey 两两比较检验发现,在躯体化因子方面,其他师范院校毕业的新教师和非师范院校毕业的新教师的得分均显著高于部属师范院校毕业的新教师;在强迫因子方面,非师范院校毕业的新教师的得分显著高于部属师范院校毕业的新教师;在人际关系敏感因子方面,非师范院校毕业的新教师的得分和其他师范院校毕业的新教师的得分均显著高于部属师范院校毕业的新教师,非师范院校毕业的新教师的得分也显著高于其他师范院校毕业的新教师;在抑郁因子方面,其他师范院校毕业的新教师得分显著高于部属师范院校毕业的新教师和非师范院校毕业的新教师;在焦虑因子方面,非师范院校毕业的新教师得分显著高于部属师范院校和其他师范院校毕业的新教师;在敌对因子方面,其他师范院校毕业的新教师和非师范院校毕业的新教师的得分均显著高于部属师范院校毕业的新教师,而非师范院校毕业的新教师的得分也显著高于其他师范院校毕业的新教师;在恐怖因子方面,其他师范院校毕业的新教师和非师范院校毕业的新教师的得分均显著高于部属师范院校毕业的新教师,而非师范院校毕业的新教师的得分也显著高于其他师范院校毕业的新教师;在偏执维度上,非师范院校毕业的新教师的得分显著高于部属师范院校毕业的新教师和其他师范院校毕业的新教师,而其他师范院校毕业的新教师的得分也显著高于部属师范院校毕业的新教师;在精神病性维度上,其他师范院校毕业的新教师和非师范院校毕业的新教师的得分均显著高于部属师范院校毕业的新教师;在总均分上,非师范院校毕业的新教师的得分和其他师范院校毕业的新教师的得分均显著高于部属师范院校,而非师范院校毕业的新教师的得分也显著高于其他师范院校毕业的新教师的得分。

表6 不同院校毕业的新教师心理健康状况的差异比较(M±SD)

	部属师范 (n=130)	其他师范 (n=104)	非师范 (n=38)	F
躯体化	1.19±0.22	1.41±0.40	1.36±0.52	11.89***
强迫	1.60±0.59	1.72±0.62	1.96±0.46	5.58**
人际关系	1.33±0.42	1.66±0.75	2.09±0.56	26.38***
抑郁	1.26±0.28	1.57±0.44	1.35±0.62	17.07***
焦虑	1.55±0.49	1.54±0.48	1.86±0.40	7.14**
敌对	0.54±0.42	0.88±0.70	1.19±0.69	22.19***
恐怖	0.30±0.48	0.64±0.66	1.04±0.60	28.49***
偏执	0.85±0.52	1.06±0.71	1.48±0.58	16.05***
精神病性	0.72±0.55	1.07±0.69	1.24±0.46	16.12***
总均分	1.04±0.23	1.26±0.43	1.43±0.41	23.43***

(六)新教师心理健康状况与领悟社会支持及一般自我效能感之间的相关分析

相关关系是指两个变量在发展方向与大小程度方面存在的相随变动,即一个变量的变化是否能引起另一个变量的变化。由表7可知,新教师的心理健康总均分与家庭支持、朋友支持、其他支持、社会支持总分以及一般自我效能感均呈现出显著的负相关。

表7 新教师心理健康各因子与总均分与领悟社会支持、一般自我效能感之间的相关系数表

	家庭支持	朋友支持	其他支持	社会支持总分	一般自我效能感
躯体化	−0.415***	−0.511***	−0.369***	−0.507***	−0.506***
强迫	−0.339***	−0.409***	−0.357***	−0.442***	−0.374***
人际关系	−0.463***	−0.554***	−0.450***	−0.584***	−0.450***
抑郁	−0.296***	−0.409***	−0.340***	−0.409***	−0.467***
焦虑	−0.147*	−0.176**	−0.208***	−0.200***	−0.332***
敌对	−0.246***	−0.328***	−0.274***	−0.322***	−0.279***
恐怖	−0.332***	−0.377***	−0.358***	−0.143***	−0.401***
偏执	−0.286***	−0.326***	−0.298***	−0.358***	−0.216***
精神病性	−0.242***	−0.356***	−0.211***	−0.320***	−0.184**
总均分	−0.433***	−0.547***	−0.454***	−0.562***	−0.515***

(七)新教师领悟社会支持和一般自我效能感对心理健康状况的预测效应

为了考察领悟社会支持和一般自我效能感对新教师心理健康状况的预测作用,进一步以 SCL-90 的总量表分为被解释变量(因变量),以与之相关的领悟社会支持各维度及一般自我效能感为解释变量(自变量)进行多元逐步回归分析。在分析时,以偏相关系数达到 0.05 的显著水平时,才将自变量引入回归方程。结果如表 8 所示。

运用逐步回归对数据进行分析发现,朋友支持、一般自我效能感和其他支持对新教师的心理健康总分构成显著的回归效应,说明朋友支持、一般自我效能感和其他支持对新教师心理健康问题有显著的反向预测作用,其联合解释变异量为 39.4%。

表 8 新教师领悟社会支持和一般自我效能感对心理健康状况的多元回归分析

	选出变量顺序	R	R^2	β	t
心理健康	朋友支持	0.547	0.299	-0.320	-5.200***
	一般自我效能感	0.617	0.381	-0.300	-5.395***
	其他支持	0.627	0.394	-0.142	-2.381*

三、讨论

(一)新入职教师心理健康的总体状况良好,但强迫和焦虑倾向值得关注

本研究发现,新教师整体心理健康状况良好,但是强迫和焦虑两个因子得分明显高于国内常模。说明新教师在处理生活事件时缺乏弹性,存在追求完美、对自己和他人苛求的倾向,因而表现得难以适应新环境。调查发现,不少新教师对目前的状况有很多担心与忧虑,在回答开放性问题"您目前最需要解决的问题是什么"时,大多数新教师都表达了对工作适应、住房安置、恋

爱婚姻、工资待遇等问题的焦虑。部分新教师反映存在睡眠质量问题,表现为难入睡、多梦、易惊醒,希望能得到专业心理减压。

(二)新入职教师心理健康状况的性别差异显著,男性新教师心理状况需要关注

本研究显示,不同性别新教师的心理健康状况差异显著,男教师的人际关系、焦虑、敌对、恐怖和偏执等得分均显著高于女教师,说明男性新教师比女性新教师更焦虑、担心与恐惧,而且男教师在待人处事方面不灵活,思维易走极端,好猜疑,好争论,脾气难以控制;而女教师相对脾气温和、待人友好、不喜欢争论,少有破坏行为。这一方面与男、女的生理差异及后天环境教育有关,另一方面也与社会赋予男性的角色定位所带来的压力有关,显然男性新教师在住房安置、经济收入、工作成就上的压力比女教师更大。因此,应更多关注男性新教师的心理状态。

(三)不同家庭所在地的新入职教师心理健康状况差异显著,家在外地的新教师心理状况需要关注

本研究发现,家在外地的新教师的心理健康水平低于家在本地的新教师,他们更易出现偏执和焦虑心理。这是因为家在外地的新教师独自在异乡打拼,缺少家人的支持与安慰,而且在面对一些问题时个人的能力有限,从而敏感多疑、忧虑紧张。学校应在生活上给予他们更多的照顾、在心理上给予他们更多的支持。

(四)不同性质学校新入职教师的心理健康水平差异显著,私立学校新入职教师的心理状况需要关注

本研究揭示,公立学校新教师和私立学校新教师的心理健康状况差异显著,在现有教育体制下,公立学校在教育投入、教育设施、教育质量、社会影响、师资队伍等方面均强于私立学校,个别私立学校虽然教师收入较高,但是不稳定,而且私立学校学生多为住宿生,教师工作压力也更大。因此,要特别

关注私立学校教师的心理健康状况。

(五)毕业于非师范院校和其他师范院校的新教师的心理健康水平低于毕业于教育部直属师范院校的新教师,应予以积极关注

本研究显示,毕业于教育部直属师范院校的新教师整体心理健康状况好于毕业于其他师范院校和非师范院校的新教师。目前国内仅有6所部属师范大学,这些大学的教育质量、师资力量以及其他硬件与软件条件,都是其他师范院校难以相比的,顶着名校光环的毕业生有着明显的自我优越感,而且他们中的绝大多数进入的中学都是省级示范学校,这些都利于他们产生积极的心理体验。非师范院校毕业的新教师在人际关系敏感、焦虑、敌对、恐怖、偏执等多项因子上得分均显著高于师范院校毕业的新教师,反映出他们对即将踏上讲台有更多的担心与不自信,进而影响到人际关系、生活与工作,毕竟非师范院校的人才培养目标与方向不利于他们更快地适应教师职业。其他师范院校的毕业生相比部属师范院校的毕业生自信心弱一些,消极情绪也多一些。因此,应更多关注非师范院校毕业的新教师和其他师范院校毕业的新教师。

(六)新教师领悟社会支持和一般自我效能感对心理健康状况的预测作用

本研究表明,新教师的心理健康状况与家庭支持、朋友支持、其他支持以及一般自我效能感均呈现显著的负相关,而且朋友支持、一般自我效能感和其他支持对新教师的心理健康问题有显著的反向预测作用。也就是说:得到来自朋友、领导和同事们的关心支持越多,新教师的心理健康状况就越好;对自己能力有自信,自我效能感越好的新教师,其心理健康状况也就越好。

四、建议

(一)在教师招聘环节考查应聘人员的心理品质,对心理不健康者采取相应措施

对于教师心理素质在教育工作中的重要性,古今中外的学者和教育研究者都有着共识。① 近年来,因教师心理问题引发的校园恶性事故不时见诸报端,令人忧虑。本次调查发现,虽然大部分新入职中学教师的心理健康状况良好,但个别新教师的心理问题严重,敌对、偏执等问题明显,表现为敏感多疑、思维极端、攻击性强,隐患很大。因此,学校很有必要在招聘教师环节考查应聘人员的心理品质,防患于未然。教育部也曾明确指出:"在公开招聘新任教师的过程中,尤其要注意考核应聘人员的思想政治素质和职业道德素养,凡是有不良行为记录的或者经严格测评存在心理问题的,一律不得录用。"② 招聘时,学校可以采用SCL－90、16PF、MMPI等专业心理测评工具,由专业心理工作者对新教师施测,并将其结果作为录取新教师的判断指标之一。从长远来看,应完善我国的教师准入政策和教师资格认定标准,将心理素质测评纳入其中,建立教师心理问题测评、干预一体化机制,努力做到早期发现、及时干预、有效控制。③

(二)在培训环节重视新教师的心理健康教育,有针对性地开设相关专题的心理培训课程

2011年1月,教育部发布的第一号文件《关于大力加强中小学教师培训工作意见》中明确提出:"对所有新任教师进行岗前适应性培训,帮助新教师

---

① 胡德海:《教育学原理》,兰州:甘肃教育出版社,1998。
② 高慧珠、徐祖胜:《教师准入制度应关注教师的心理健康》,载《教学与管理》,2010(9)。
③ 刘要悟、彭妙:《心理素质测评应纳入教师资格准入制度》,载《教育测量与评价》,2010(6)。

尽快适应教育教学工作。"目前的入职培训内容更多的是对新教师专业适应性的培训，忽视了对新教师的心理培训，应将新教师的职业心理指导纳入培训计划之中，进行教师职业心理的培训。

首先，针对新教师焦虑和强迫表现较为突出的情况，开设专题的心理减压、人际交往、适应新环境等课程，运用模拟情境、互动训练、团体辅导等方法，使新教师学会自我调适，维护自身心理健康。

其次，针对非师范院校毕业的新教师存在较多的人际关系敏感、焦虑、偏执等问题，开设人际关系心理、情绪管理等相关课程，小班授课，多进行互动模拟训练。考虑到一些非师范毕业生和硕士研究生选择中小学教师职业并不是因热爱教育事业，而是因就业市场竞争激烈而暂时屈就的情况，可开设中学生心理、教师心理等相关课程，增强新教师的职业责任感与认同感，提高他们的心理素质。

(三)学校应给予新教师更多情感关怀与心理支持，尽可能满足新教师的基本需求

新教师入职适应是教师专业发展过程中的重要一步，入职期的适应情况不仅决定着新教师能否顺利开展工作，还会在教学有效性、工作满意度及职业持久性等方面对教师产生长久的影响。学校不能只让新教师自己摸爬滚打，而是要主动关注他们的心理状况，努力帮助其适应、胜任工作，形成支持新教师成长的环境氛围。

新入职教师刚刚完成从学生到教师角色的转换，他们中的多数人只身在异乡工作，在生活、学习等各方面会遇到很多困难，如，普遍感到经济紧张、住房安置困难等。少数新教师由于各种原因，难以找到人生的"另一半"，面临爱情与婚姻的困境。这些问题都会影响新教师的心理状态。因此，学校管理者必须十分重视与新教师进行感情沟通，想方设法为新教师排忧解难，尽可能满足他们的基本需求，让他们感受到更多的社会支持。尤其是对私立学校新教师、家在外地的新教师以及非师范院校毕业的新教师，学校更应积极关注他们的心理动态，给他们更多的关心和帮助，提升他们的心理健康水平。

有条件的学校可以设置专门的教师心理健康咨询室,让新教师有一个释放压力、宣泄情绪的场所,积极维护他们的心理健康。

(四)新教师要学会自我调适,保持积极乐观的心态,增强自我效能感

新教师踏入教师行业,面对的是一个新的角色、新的社会环境,要努力维护自身心理健康。首先,新教师要认识教师职业的意义和价值,热爱教育,热爱学生,拥有积极、乐观的心态;其次,新教师要努力增强自我效能感,相信自己能做好教育工作,脚踏实地地完成各项教学任务,在工作中体验成就感;最后,新教师不仅要保持与亲朋好友经常沟通,还要主动与领导、同事交往,要多请教、多学习,以得到更多的社会支持。拥有良好心理状态的新教师,必然能很快地适应和融入新环境,并有无穷的动力,从而谱写教师职业生涯的辉煌篇章。

[卫萍,合肥学院教育系副教授;李娟,桐城市第六中学教师。]

后 记

经过近 6 个月的努力,安徽省基础教育改革与发展协同创新中心顺利完成了区域性基础教育研究集刊——《安徽基础教育发展评论》(第 1 卷)的编撰工作。在本书的编写过程中,得到了省教育厅领导的关心和基础教育处等主管部门的大力支持,也得到了诸多专家学者的智慧引领。在此,向所有为本集刊奉献的人员顺致敬意!

2013~2015 年,协同创新中心与省教育厅基础教育处联合在《合肥师范学院学报》上开设《基础教育改革与发展》专栏 12 期,汇集了优秀研究成果 44 篇;2014 年,协同创新中心协同安徽省教育科学研究院合作设立"安徽省教育科学规划 2014 年度三项改革专项课题"41 项,目前累积了 40 多篇研究成果。为促进教育发展研究新理论、新思想、新方法的传播,引领安徽基础教育发展的研究方向,让上述优秀研究成果更好地为安徽省基础教育改革发展所借鉴与服务,我们从中遴选了 25 篇研究成果,形成《安徽基础教育发展评论》(第 1 卷)。编辑过程中部分文稿略有删减,真诚地希望大家谅解并多提宝贵意见。

本集刊的出版,是对当前安徽基础教育发展理论研究、区域教育发展战略研究、教育政策改革研究等成果的展示与推广。计划每年汇聚成 1 卷,形成持久性服务基础教育的集刊。集刊作为教育发展平台建设,只是基础教育综合改革漫漫征途中的一小步。随着教育改革不断深化,教育发展中还有许许多多具有全局性、战略性和技术性的问题,等待着广大的教育研究者与实践者去深入研究与发掘。

安徽大学出版社对本集刊的出版给予了大力支持,在此表示衷心的感谢!

编　者
2016 年 3 月